귀여운 인형옷 만들기
계절 아이템이 가득

굿스마일 컴퍼니 감수 · 일본 보그사 지음 · 안나진 옮김

CONTENTS

「넨도로이드 돌」이란? ……… P.4	Lesson 트렌치코트・스커트 ……… P.30
인형옷 만들기의 기본 ……… P.24	How to make ……… P.33

Spring
Coordinate

1. 부활절 토끼 귀 세트
›› P.6

2. 6월의 신부 웨딩드레스 세트
›› P.8

Summer
Coordinate

3. 마린 룩
›› P.10

4. 비 오는 날 세트
›› P.12

5. 한여름 수영복 세트
›› P.14

Autumn
Coordinate

6. 핼러윈 유령 & 꼬마 마녀
›› P.16

7. 잭오랜턴
›› P.18

Winter
Coordinate

8. 코트 세트
›› P.20

9. 크리스마스 산타 세트
›› P.22

「넨도로이드 돌」이란?

굿스마일 컴퍼니

「넨도로이드 돌」은 손바닥 사이즈의 귀여운 인형입니다.
작은 몸체이지만 팔과 무릎, 발목 등을 움직일 수 있어서
여러 자세를 자유자재로 취할 수 있습니다.
2.5등신 데포르메 피규어 「넨도로이드」의 머리 부분과 교체 가능합니다.
좋아하는 캐릭터에게 마음에 드는 옷을 입히면서 즐길 수 있습니다.

이 책에 나오는 모델

사이즈에 대해서

이 책 모델로 등장하는 「넨도로이드 돌 에밀리」
「넨도로이드 돌 료」는 헤드를 포함해서 전체 높이는 약 14cm입니다.
보디 파츠인 「넨도로이드 돌 archetype : Girl」
「넨도로이드 돌 archetype : Boy」는 발부터 전체 높이는 약 9cm입니다.

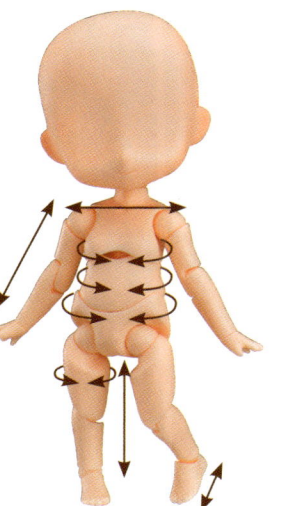 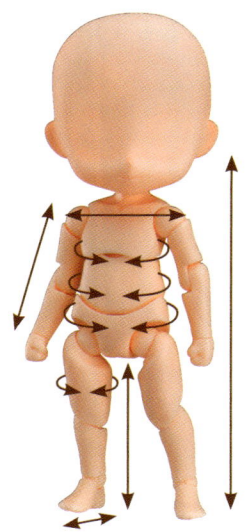

★ 넨도로이드 돌
  archetype : Girl

어깨폭	약 29mm
몸통둘레	약 59mm
팔길이	약 32mm
허리둘레	약 53mm
엉덩이둘레	약 67mm
다리길이	약 38mm
허벅지둘레	약 35mm
발바닥길이	약 14mm

★ 넨도로이드 돌
  archetype : Boy

몸전체길이	약 9cm
어깨폭	약 31mm
몸통둘레	약 57mm
팔길이	약 32mm
허리둘레	약 56mm
엉덩이둘레	약 70mm
다리길이	약 38mm
허벅지둘레	약 36mm
발바닥길이	약 14mm

* 편집부 계측

피부색에 대해서

피부색 종류는 노멀(peach), cinnamon, cream, almond milk 의 4종류입니다.
원하는 넨도로이드 헤드 색에 맞게 선택하세요.

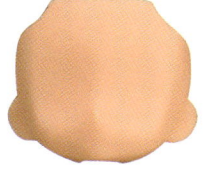  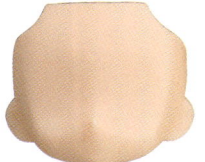 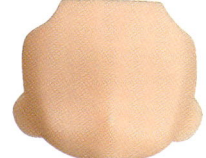

노멀(peach)   **cinnamon**   **cream**   **almond milk**

취급 주의

- 옷을 장시간 착용할 경우, 마찰로 인해 돌 본체에 이염이 생길 수 있습니다.
- 트임이 없는 탑이나 딱 맞는 바지를 입힐 때는 헤드나 손목, 발목 등의 파츠를 분리하고 입히면 훨씬 수월합니다.
- 파츠를 탈착할 때는 무리하게 당기거나 구부리지 않도록 주의합시다.

Spring
Coordinate

1. 부활절 토끼 귀 세트

바짝 선 토끼 귀가 포인트입니다. 남자아이는 후드 집업으로 캐주얼하게, 여자아이는 프릴과 리본으로 로맨틱하게 연출했습니다. 봄 느낌이 물씬 나는 파스텔컬러로 발랄한 분위기를 자아냅니다.

design & make ›› Atelier Angelica 스미토모 아키
How to make ›› P.34(후드 집업 세트)
P.37(원피스 세트)

지퍼는
폭이 좁은
오픈 타입을 사용

청바지는
스티치가 포인트

고무줄이 있어서
탈착이 쉬워요

퍼프 소매 입구 부분은
안쪽에 고무테이프를
당기면서 꿰매줍니다

2. 6월의 신부 웨딩드레스 세트

3단 프릴로 연출한 화려한 웨딩드레스와 깔끔하고 멋진 턱시도. 결혼식에서 웰컴 돌로 장식해두면 좋겠네요.

design & make ›› Atelier Angelica 스미토모 아키
How to make ›› P.40(드레스)
　　　　　　 P.44(턱시도)

레이스는 얇고
부드러운 게
좋아요

웨딩드레스는
풍성하게 보이도록
프릴을 장식으로 넣었어요

겹쳐서 입혀야 하니까
스냅 버튼은 작은 게
좋아요

Summer
Coordinate

3. 마린룩

뜨거운 여름에도 상쾌한 느낌이 드는 민트그린 세일러복 세트. 세일러 깃에 큰 리본, 귀여운 하의가 360도 어디서 봐도 귀엽답니다.
design & make ›› Raindrop 미나밍
How to make ›› P.48(바지 세트)
　　　　　　　P.51(스커트 세트)

베레모는 겉과 안을
똑같이 만들어서
재봉하면 돼요

호박모양 바지는 안쪽에
수예 솜이나 망사 등을 넣어
부풀리면 훨씬 귀여워요

상의와 하의 앞트임을 여밀 때는
얇은 벨크로 테이프를
사용해보세요

4. 비 오는 날 세트

비가 오는 날에도 즐거운 기분으로 외출할 수 있는
레인코트. 좋아하는 색과 무늬로 만들어보세요.
design & make » Atelier Angelica 스미토모 아키
How to make » P.54(레인코트)
　　　　　　　P.56(판초)

패턴을 이용해서 만든 후드는
입체적이라서 머리에
잘 씌워집니다

사람용 원단과 같은
나일론 소재로
만들었어요

5. 한여름 수영복 세트

여름 하면 하얀 뭉게구름과 파란 바다! 해변을 수놓는 비키니와 알로하 티셔츠 세트는 그야말로 여름에 딱 어울리죠. 같은 색감으로 만들면 커플룩 느낌으로도 만들 수 있어요.

design & make ›› GINGER TEA 체리
How to make ›› P.58(비키니)
　　　　　　　　P.60(알로하 셔츠)

알로하 셔츠는 최대한 화려한 원단으로

서핑팬츠의 뒤쪽에는 주머니가 있어요

러셀 레이스, 망사 레이스, 리버 레이스 등의 얇은 게 좋아요

언더는 니트 원단으로 만들어요

Autumn
Coordinate

6. 핼러윈 유령 & 꼬마 마녀

Trick or treat! 둥실둥실 하얀 유령과 블랙 코디네이션으로 시크한 매력을 풍기는 꼬마 마녀. 호박과 귀여운 소품으로 핼러윈 분위기를 연출해보세요!

design & make » Raindrop 미나밍
How to make » P.62(유령)
　　　　　　　　P.64(꼬마 마녀)

목둘레의
작은 커브 부분은
손바느질하는 게 좋아요

신기기 편하면서
라인이
살아있는 양말

망토의
후드는 장식

원피스 소매 입구는
주름을 줘서
퍼프 형태로

7. 잭오랜턴

핼러윈 분위기를 한층 높여주는 잭오랜턴 모양 원피스. 보더 무늬 이너와 함께 코디하면 귀여운 호박 요정이 탄생합니다.

design & make » Raindrop 미나밍
How to make » P.68

이너 티셔츠를
입힐 때는
머리를 빼고 입히세요

호박 원피스는
밸런스를 맞추는 게
중요해요

Winter
Coordinate

8. 코트 세트
추운 겨울의 코디를 결정짓는 코트. 심플한 코트는 누구나 어울리는 만능 아이템이죠. 기본적인 트렌치코트와 시크한 스탠드 칼라 코트로 멋있게 연출해봐요.

design & make ›› GINGER TEA 체리(코트)
　　　　　　　　 편집부(스커트, 팬츠)
How to make ›› P.30(트렌치코트, 스커트)
　　　　　　　 P.72(스탠드 칼라 코트, 슬림팬츠)

코트를 오픈해서 입어도 귀여워요
버튼은 다리미로 달 수 있는
핫픽스를 사용

5각형 모양 덧단이
디자인 포인트인
스탠드 칼라 코트

깔끔한 슬림팬츠를
만들려면 얇은 원단을
사용하세요

9. 크리스마스 산타 세트

평범한 산타복도 체크 원단으로 만들면 클래식한 느낌이 나면서 귀여워요! 특별한 날이니까 멋진 의상으로 연출해봐요.

design & make ›› GINGER TEA 체리
How to make ›› P.74 (원피스 세트)
　　　　　　　P.77 (살로페트 세트)

스커트 모양과 같은 케이프는
얇은 기모 원단 「프로마주」로 만들면
화려한 느낌으로 완성돼요

펑퍼짐한 뒷모습이 귀여운 디자인
어깨끈은 뒤에서
리본을 묶어주세요

보더 무늬 양말도
코디 포인트

인형옷 만들기의 기본

인형옷은 매우 작아서 만들기 어렵죠.
간단한 팁을 알면 만들기 쉽답니다.

추천하는 원단

인형 옷은 되도록 얇은 천을 고르는 게 좋아요.
두께가 있으면 완성하기 어렵거나, 입히기 힘들 수 있으니까 주의하세요.

론
얇은 실을 사용하여 실크 느낌으로 만든 얇은 천.

브로드
올이 촘촘한 얇은 천.

새틴
표면에 광택이 있고 부드러운 천. 드레스를 만들 때 좋아요.

페이크 퍼
천연 퍼처럼 만든 인공 퍼.

합성피혁
천연 가죽처럼 만든 인공 가죽.

쉬폰
얇고 부드러우면서 살짝 비치는 천.

나일론
나일론으로 만든 매끄러운 느낌의 천. 레인코트 등을 만들 때 좋아요.

프로마주
표면에 기모가 있는 천. 올풀림이 없는 것이 특징.

스무스 니트
겉과 안이 같은 매끄러운 니트 원단.

스웨이드 니트
안이 루프처럼 되어 있는 니트 원단.

리브 니트
소매나 옷단에 사용되는 세로 굴곡이 있는 니트 원단.

파워 네트
네트 형태의 천으로 신축성이 있어요. 얇게 완성할 때는 얇은 원단을 사용하세요.

부자재에 대해서
인형옷 만들기에 좋은 부자재를 소개합니다.

버클
벨트에 사용하는 인형용 작은 버클 파츠.

얇은 벨크로 테이프
두꺼워지지 않아서 좋아요. 소프트 매직 테이프나 벨크로 테이프 등 (소프트 매직 테이프 / 클로버).

스냅 버튼
작은 합성수지 타입을 사용하면 깔끔하게 완성됩니다.

핫픽스 (핫피스)
다림질로 붙일 수 있는 라인 스톤. 장식 단추로 사용하기 좋아요.

옷의 부분 명칭
부분 명칭을 알아두면, 옷을 만들 때 나오는 단어를 이해할 수 있어서 쉽게 만들 수 있어요.

추천하는 도구

인형옷을 만들 때 사용하면 좋은 도구를 소개합니다.
처음부터 전부 구비할 필요 없이 조금씩 필요한 도구를 구매하면 좋아요.

협력 / Raindrop 미나밍

❶**커팅매트**……로터리 커터와 함께 사용.

❷**로터리 커터**……얇은 원단이나 니트 원단을 재단할 때 편리. 날 직경은 18mm, 28mm 정도가 적당.

❸**자**……치수를 재거나 책에서 패턴을 옮겨 그릴 때 사용. 15~20cm 정도의 방안자가 편리.

❹**핀셋**……재봉틀로 박을 때 천을 잡거나 작은 파츠를 뒤집을 때 사용.

❺**아플리케 시침핀**……매우 가는 시침핀이라서 천에 꽂기 좋고, 길이가 짧아서 재봉틀에 잘 걸리지 않아 박기 편함.

❻**컷워크 가위**……날이 예리해서 작은 파츠를 재단할 때 편리.

❼**컷워크 가위(쪽가위)**……필요 없는 시접을 잘라내거나 실을 자를 때 편리.

❽**송곳**……패턴지를 만들 때, 재봉틀로 재봉할 때 천을 잡아주거나 깃 등의 끝부분을 정리할 때 사용.

❾**수예용 겸자**……소매나 양말 등의 파츠를 뒤집을 때, 천을 잡고 당기면 쉽게 뒤집을 수 있음.

❿**올풀림 방지액**……천 끝부분의 올이 풀리지 않도록 하는 용도. 천 종류에 따라 하얗게 될 수도 있으니, 사용하기 전에 자투리 천에 발라서 확인하는 과정이 필요.

⓫**수예용 본드**……박음질을 할 수 없는 부분이나 임시로 붙여둘 때 사용. 노즐이 가는 걸 추천.

⓬**패치워크 다리미**……좁은 곳을 다리기에 편리. 주름을 펴거나 시접을 접을 때 사용.

⓭**패치워크용 인두**……다리미 대신에 사용. 시접을 접거나 좁은 부분을 작업할 때 편리.

도구 협력 / 로터리 커터(18mm) 이외 클로버

패턴지 사용법
실물 크기 패턴지를 사용하는 법을 익혀서 옷 만들기에 도전해봐요.

● 패턴 만들기

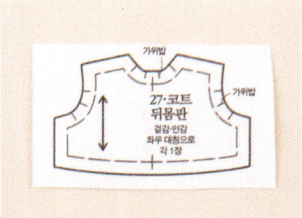 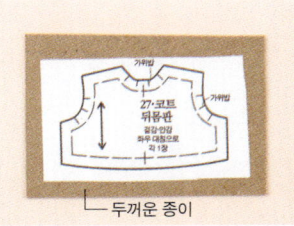 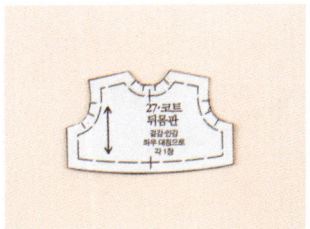 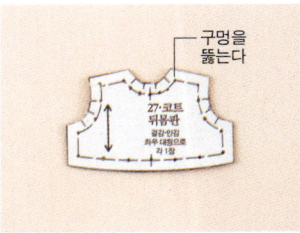

1 실물 크기 패턴지를 복사하거나 트레이싱지 등을 사용하여 선을 따라 그립니다. 그릴 때, 직선은 자를 이용해서 그리세요.

2 풀을 발라 두꺼운 종이에 붙입니다. 붙이는 풀은 고체형을 사용하세요.

3 재단선대로 자릅니다.

4 모서리나 완성선은 송곳으로 초크펜이 들어갈 만큼의 구멍을 뚫습니다. 모서리, 맞춤표, 커브는 좁은 간격으로 구멍을 뚫습니다.

● 재단하기

 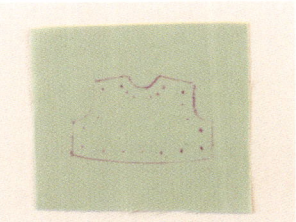 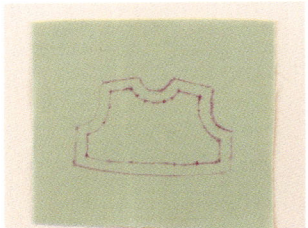 

1 천 안쪽 면에 패턴지를 겹쳐서 움직이지 않도록 잘 잡아 패턴 모양대로 선을 그려줍니다.

2 패턴지에 구멍을 뚫은 부분도 표시합니다.

3 점을 이어 그려주면 완성선이 됩니다. 재봉하기 편해집니다.

4 다 그린 재단선은 재단선대로 자르거나 조금 안쪽으로 자릅니다.

천 마감
천 가장자리 올이 풀리지 않도록 마감해둡니다.
넨도로이드 돌 사이즈는 재봉틀로 가장자리 처리하기가 힘들어서 올풀림 방지액을 발라두는 게 좋아요.

재단한 뒤에 바르기
천 가장자리에 올풀림 방지액을 바릅니다. 작업은 발라둔 올풀림 방지액이 완전히 마른 다음에 시작합니다. 용기를 세게 누르면 용액이 넘칠 수 있으니까 주의하세요.

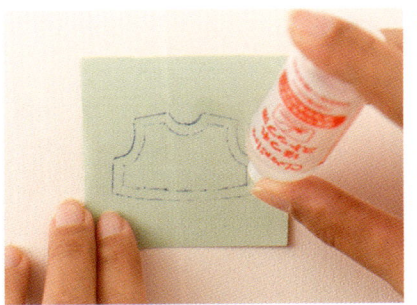

재단 전에 바르기
용기 끝으로 천을 누르면서 시접선을 따라 그리듯이 용액을 바릅니다. 재단 후에 바르는 것보다 시간이 단축됩니다. 하지만 수용성 초크펜으로 그린 부분이 지워지므로 내수성 펜으로 표시하는 게 좋아요.

재봉하는 법

재봉틀, 바늘과 실을 선택하는 법, 실제로 꿰맬 때의 포인트 등을 소개합니다.

● 재봉틀에 대해서

넨도로이드 돌의 옷은 매우 작아서 재봉틀로 재봉할 때에 기술이 필요합니다. 그래도 재봉틀로 재봉하기 힘든 부분이 있으니까 손바느질도 병행하도록 하세요.

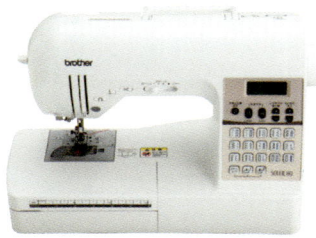

가정용 재봉틀
직선 박기와 모양 박기가 가능합니다. 바늘판의 바늘구멍이 커서 천이 말려 들어갈 수 있으니까 주의하세요. 천 아래에 얇은 종이를 대고 재봉하거나 직선용 바늘판을 사용하는 게 좋아요.

공업용 재봉틀
직선 박기에 특화된 재봉틀. 바늘판의 바늘구멍이 직선용이라서 원래 작지만, 인형 옷을 재봉할 때는 얇은 천에 쓰는 바늘판을 사용하면 훨씬 쉽게 작업할 수 있어요. 노루발 종류도 많아요.

있으면 편리한 도구

스티치 노루발
공업용 재봉틀에서 쓰는 노루발. 기본 노루발보다 앞부분이 올라가 있고, 길이가 짧아서 좁은 곳도 박음질하기 편해요.

얇은 원단용 바늘판
공업용 재봉틀에서 쓰는 바늘판. 바늘구멍이 작아서 천이 말려 들어가지 않도록 해줍니다.

● 바늘과 실

천의 두께와 종류에 따라 구분하여 사용해주세요.

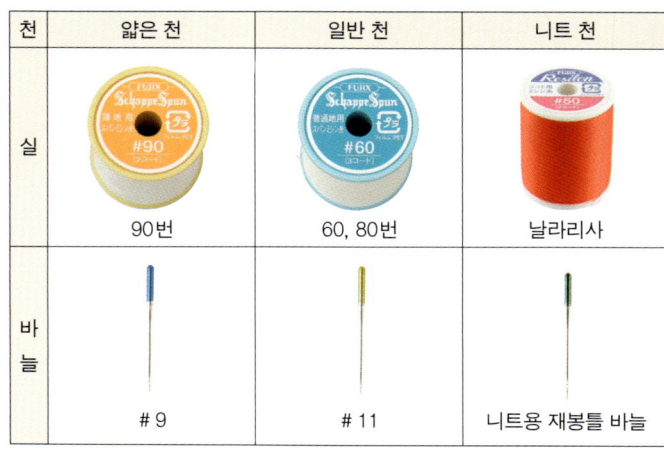

천	얇은 천	일반 천	니트 천
실	90번	60, 80번	날라리사
바늘	#9	#11	니트용 재봉틀 바늘

● 바늘땀 길이

일반 박음질로 재봉하면 옷 크기보다 바늘땀이 너무 커져 버립니다. 인형 옷 사이즈에 맞춰서 바늘땀을 작게 해주는 게 좋아요.

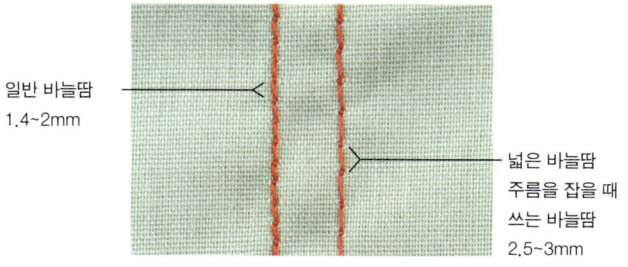

일반 바늘땀
1.4~2mm

넓은 바늘땀
주름을 잡을 때
쓰는 바늘땀
2.5~3mm

● 시접을 넘기는 법

천을 재봉하고 나면 다림질로 시접을 마감합니다. 자주 다림질을 해서 정리해두면 다음 작업으로 이어질 때 편합니다.

넘긴다

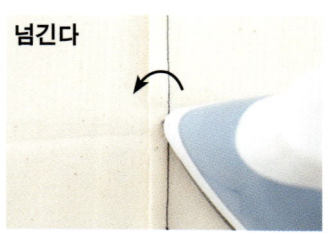

다리미 끝으로 시접을 한쪽으로 접어 줍니다.

가른다

다리미 끝으로 시접을 양쪽으로 벌려 가릅니다.

● **재봉 포인트**

작은 파츠 · 끝부분을 재봉할 때

1. 천이 재봉틀의 바늘구멍에 말려 들어가지 않도록 천 아래에 트레이싱지 같은 얇은 종이를 대고 재봉하는 게 좋아요.

2. 재봉 후에 트레이싱지는 찢어 버리면 돼요.

뒤집는 파츠

니트 원단

1. 표시한 패턴보다 좀 더 크게 재단하고, 1장에만 표시해둡니다. 겉면을 마주 대고 완성선대로 재봉합니다.

2. 완성선을 재봉하면 재단선에 맞춰 재단합니다. 곡선 부분이 있는 경우에는 시접에 방해되지 않도록 좀 더 잘라줍니다. (시접을 자른다)

3. 겉면이 보이도록 뒤집어줍니다.

종이 사포(중간~가는 것)의 사포 부분을 위로 두고, 천과 노루발 사이에 끼워서 재봉하면 재봉할 때 늘어나는 걸 방지합니다. 종이 사포를 같이 재봉하지 않도록 주의하세요.

등 뒤의 거치대 구멍

넨도로이드 돌은 등에 거치대를 끼우는 구멍이 있습니다. 이 책에 수록된 옷은 이 구멍을 따로 만들지 않았습니다. 만약에 구멍이 필요한 경우는 아래 설명과 같이 구멍을 만들어주세요.

트임이 없는 옷
넨도로이드 돌에 옷을 입히고, 구멍 위치를 확인하여 표시합니다. 표시한 주변으로 직경 6mm 정도 크기의 원 모양으로 꿰매고 펀치 등으로 직경 4mm 정도 구멍을 냅니다.

뒤트임이 있는 옷
넨도로이드 돌에 옷을 입히고, 구멍 위치를 확인하여 표시합니다. 트임이 없는 옷과 마찬가지로 표시한 주변을 트임 양쪽에 반원 모양으로 꿰매고 구멍을 냅니다.

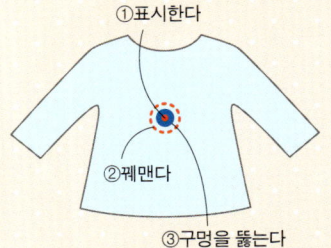 

Lesson
트렌치코트 · 스커트

실제 크기 패턴
트렌치코트 : P.53
앞몸판, 뒤몸판, 소매, 안단,
깃, 플랩, 벨트
스커트 : P.53
스커트, 허리벨트

재료
트렌치코트
· 나일론 원단(감색)……30×30cm
· 내경 5mm 버클……1개
· 직경 3mm 핫픽스……6개
스커트
· 브로드(스트라이프)……12×7cm
· 벨크로 테이프……1×0.5cm

트렌치코트

1 각 파츠를 필요한 수만큼 재단합니다. 깃과 플랩은 재봉한 다음에 재단하기 때문에 패턴보다 크게 잘라둡니다. 앞몸판, 뒤몸판, 안단, 소매, 벨트는 천 가장자리에 올풀림 방지액을 발라둡니다.

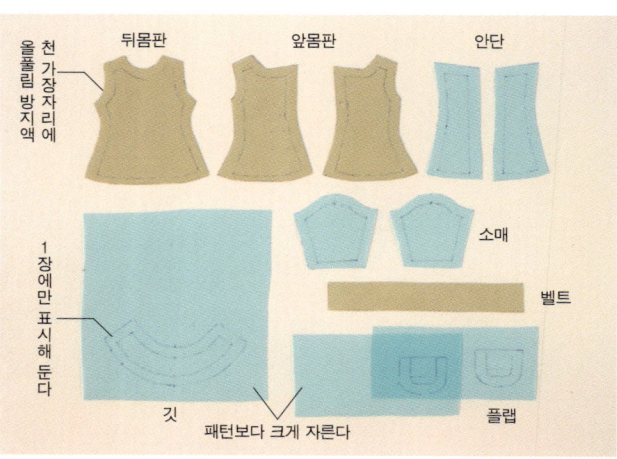

2 앞몸판과 뒤몸판은 겉면을 마주 대고 어깨를 재봉합니다. 어깨 시접은 반으로 가릅니다.

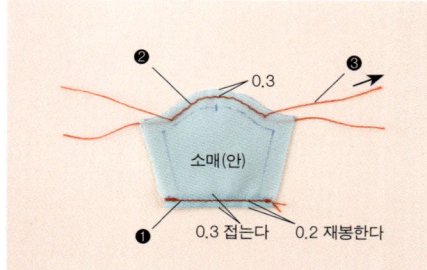

3 소매 입구는 접어 재봉합니다. 소매산은 시접에서 바늘땀을 크게 해서 재봉합니다 (P.28 참고). 소매산을 재봉한 실 중에 윗실을 잡아당겨서 시접에 주름을 잡아줍니다.

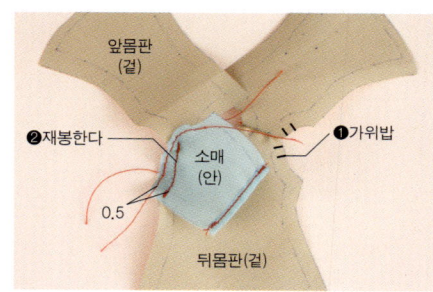

4 몸판 시접에 가위밥을 냅니다. 몸판과 소매는 겉면을 마주 대고 소매 둘레를 재봉합니다. 옷이 작아서 앞뒤로 나눠서 재봉하는 것이 좋아요. 사진은 뒤를 재봉한 모습.

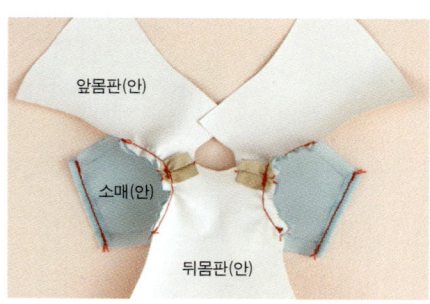

5 반대쪽 소매도 마찬가지로 재봉합니다. 시접은 벌려주세요.

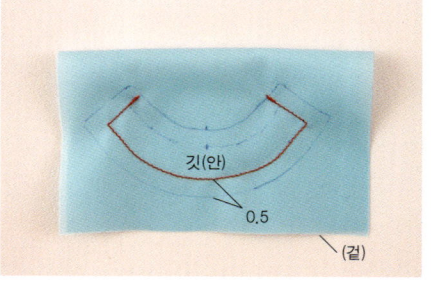

6 패턴보다 크게 자른 깃은 겉면을 마주 대고 바깥쪽의 완성선을 재봉합니다.

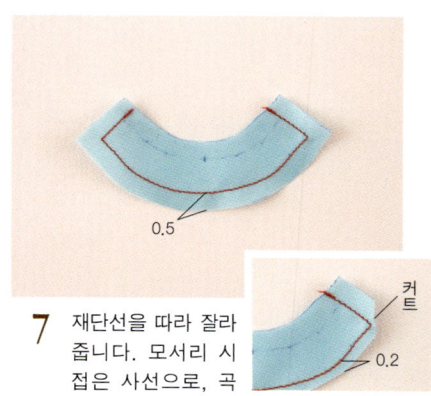

7 재단선을 따라 잘라줍니다. 모서리 시접은 사선으로, 곡선의 시접은 0.2cm로 잘라줍니다.

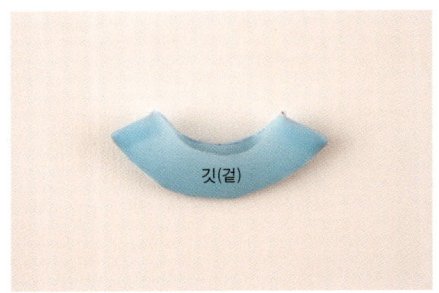

8 깃을 겉면으로 뒤집습니다.

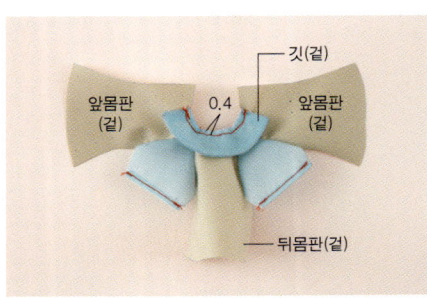

9 깃을 몸판에 대고 임시로 고정합니다.

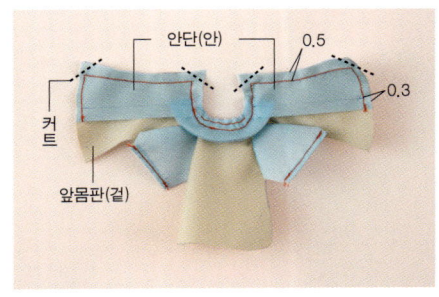

10 앞몸판과 안단은 겉면을 마주 대고, 옷단~앞단~목둘레를 재봉합니다. 모서리 시접은 사선으로 잘라냅니다.

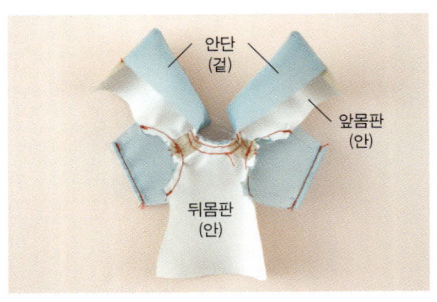

11 안단을 겉면으로 뒤집습니다.

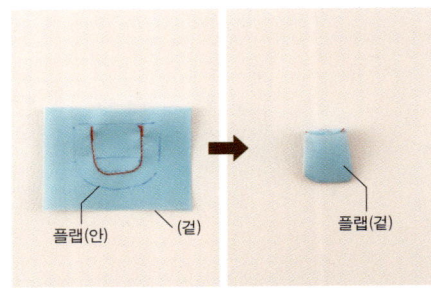

12 패턴보다 크게 자른 플랩은 겉면을 마주 대고 완성선을 따라 재봉합니다. 7번과 같이 여분 시접을 잘라내고 겉면으로 뒤집습니다.

13 앞몸판 쪽에서 플랩을 다는 위치에 맞춰 달아줍니다. 시접은 0.2cm만 남기고 자르고 플랩을 아래로 접어서 손바느질로 꿰매줍니다.

14 소매와 몸판은 겉면을 마주 대고 소매 입구부터 옆솔기 끝까지 재봉합니다. 곡선 부분이 깔끔하게 마무리되도록 시접에 가위밥을 내주고 가릅니다. 겸자 등을 사용하여 겉면으로 뒤집어줍니다.

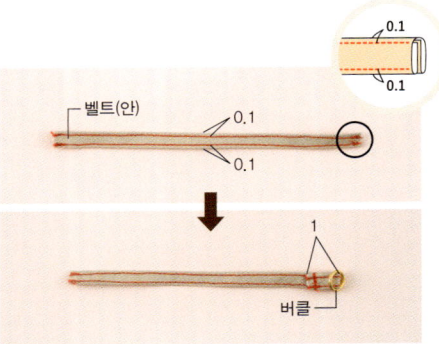

15 벨트를 길게 접어 위아래로 스티치를 냅니다. 버클을 달고 끝을 꿰맵니다.

16 옷단은 접어 재봉합니다. 안단은 접어주고, 앞몸판 쪽에 다림질로 핫픽스를 붙여줍니다. 벨트를 달면 완성이에요.

스커트

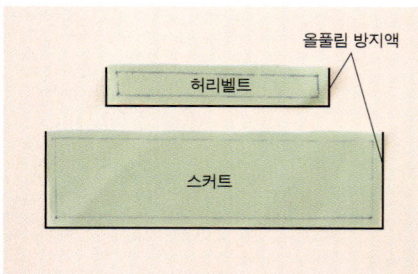

1 허리벨트와 스커트를 재단하고 천 가장자리에 올풀림 방지액을 발라둡니다.

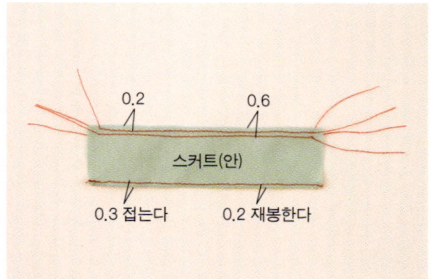

2 스커트 단은 접어 재봉합니다. 허리는 넓은 바늘땀으로 2줄 재봉합니다.

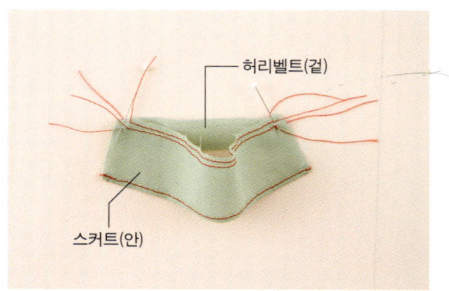

3 허리벨트에서 올풀림 방지액을 바르지 않는 부분과 스커트를 겉면이 마주 보도록 하여 끝을 시침핀으로 고정합니다.

4 넓은 바늘땀으로 재봉한 부분의 실 2줄을 당기면서 허리 치수만큼 주름을 균등하게 잡아 시침핀을 꽂아줍니다.

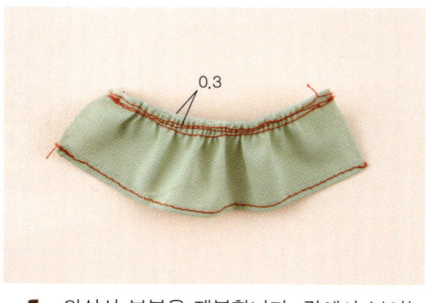

5 완성선 부분을 재봉합니다. 겉에서 보이는 실은 주름을 잡은 다음 당겨서 빼줍니다.

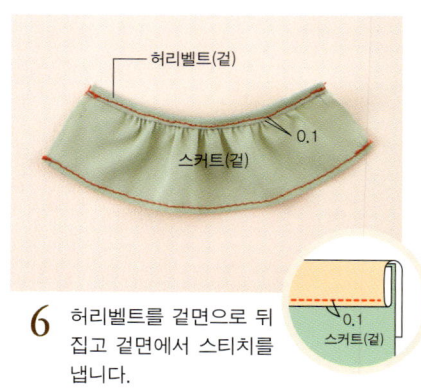

6 허리벨트를 겉면으로 뒤집고 겉면에서 스티치를 냅니다.

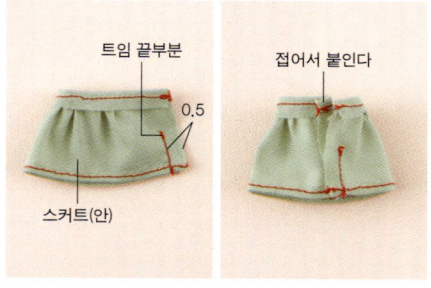

7 스커트는 겉면을 마주 대고 트임 끝부분까지 재봉합니다. 시접은 왼쪽으로 접어줍니다. 허리벨트는 본드로 붙이거나 손바느질로 꿰매줍니다.

8 겉으로 뒤집고 허리벨트에는 0.7×0.3cm로 자른 벨크로 테이프를 본드로 붙여줍니다.

9 완성.

How to make

· P.27 패턴 사용하는 법을 참고하여, 수록된 실제 크기 패턴을 복사하거나 그려서 사용하세요.
· 이 책에 수록된 패턴은 시접이 포함되어 있어서 따로 시접을 추가할 필요가 없습니다.
· 재료 치수는 폭×길이순으로 표기되어 있습니다.
· 무늬가 있는 원단을 쓸 때는 치수가 바뀔 수 있으니, 주의해주세요.
· 만드는 법 설명에서 천 가장자리에 올풀림 방지액을 바르는 과정이 생략되어 있습니다. 재단할 때 반드시 올풀림 방지액을 바른 뒤에 만들어주세요.
· 만드는 법 페이지에서 따로 기재하지 않은 숫자의 단위는 cm입니다.
· P.24의 기본도 참고해서 옷 만들기를 즐겨주세요.

후드 집업 세트 >> P.6

실제 크기 패턴 >> P.36

재료

〈토끼 귀 후드 집업〉
스웨이드 니트(하늘색)…30×15cm
리브 니트(하늘색)…9×6cm
길이 20cm 3코일 오픈 지퍼…1개

〈청바지〉
데님…18×7cm
직경 0.4cm 단추…1개
직경 0.4cm 스냅 버튼…1쌍

토끼 귀 후드 집업

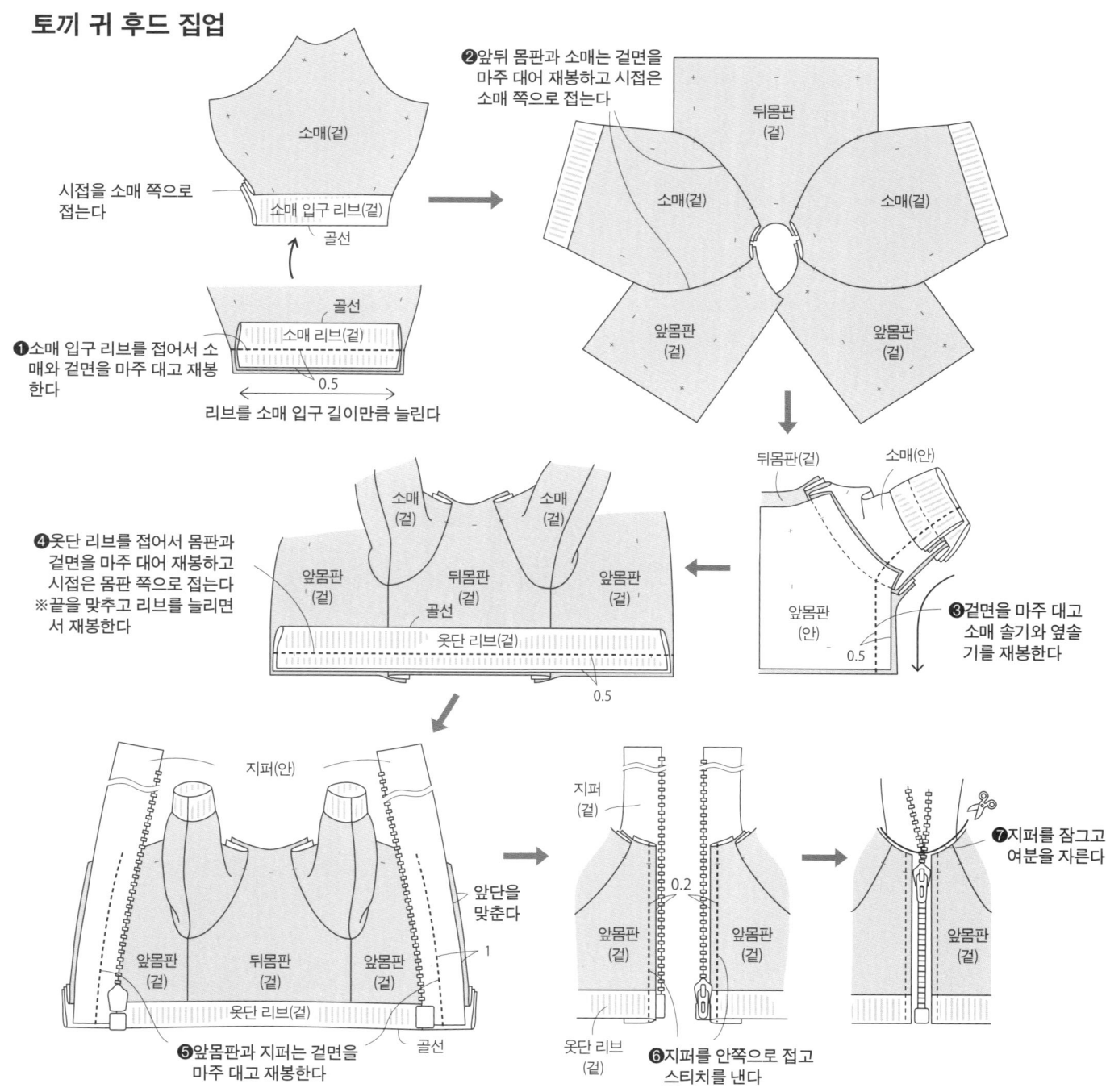

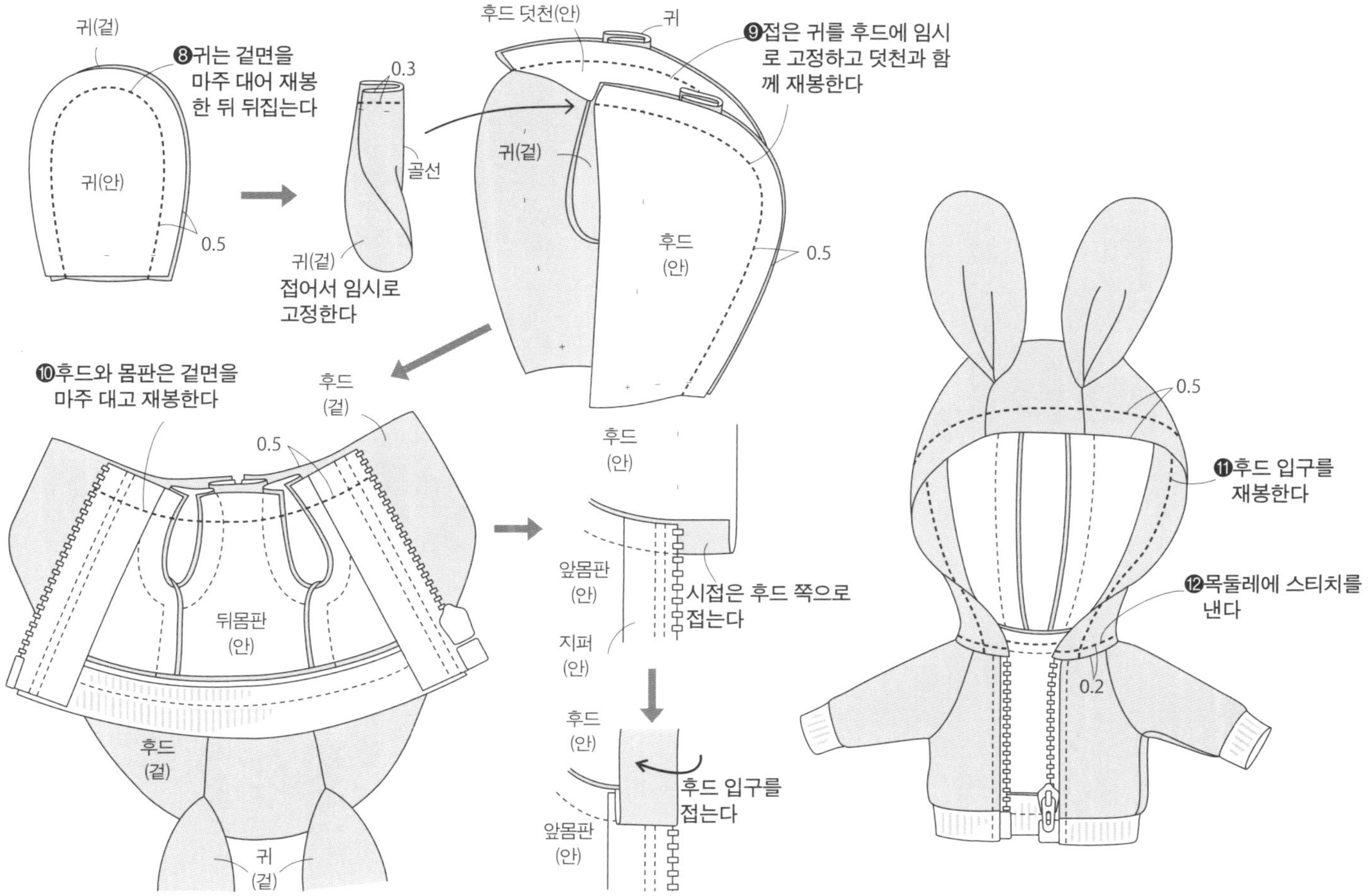

❽귀는 겉면을 마주 대어 재봉한 뒤 뒤집는다

귀(겉)
귀(안)
0.5
0.3
골선
귀(겉)
접어서 임시로 고정한다

후드 덧천(안)
귀
❾접은 귀를 후드에 임시로 고정하고 덧천과 함께 재봉한다
귀(겉)
후드(안)
0.5

❿후드와 몸판은 겉면을 마주 대고 재봉한다
후드(겉)
0.5
뒤몸판(안)
후드(겉)
귀(겉)

후드(안)
앞몸판(안)
지퍼(안)
시접은 후드 쪽으로 접는다

후드(안)
앞몸판(안)
후드 입구를 접는다

0.5
⓫후드 입구를 재봉한다
⓬목둘레에 스티치를 낸다
0.2

청바지

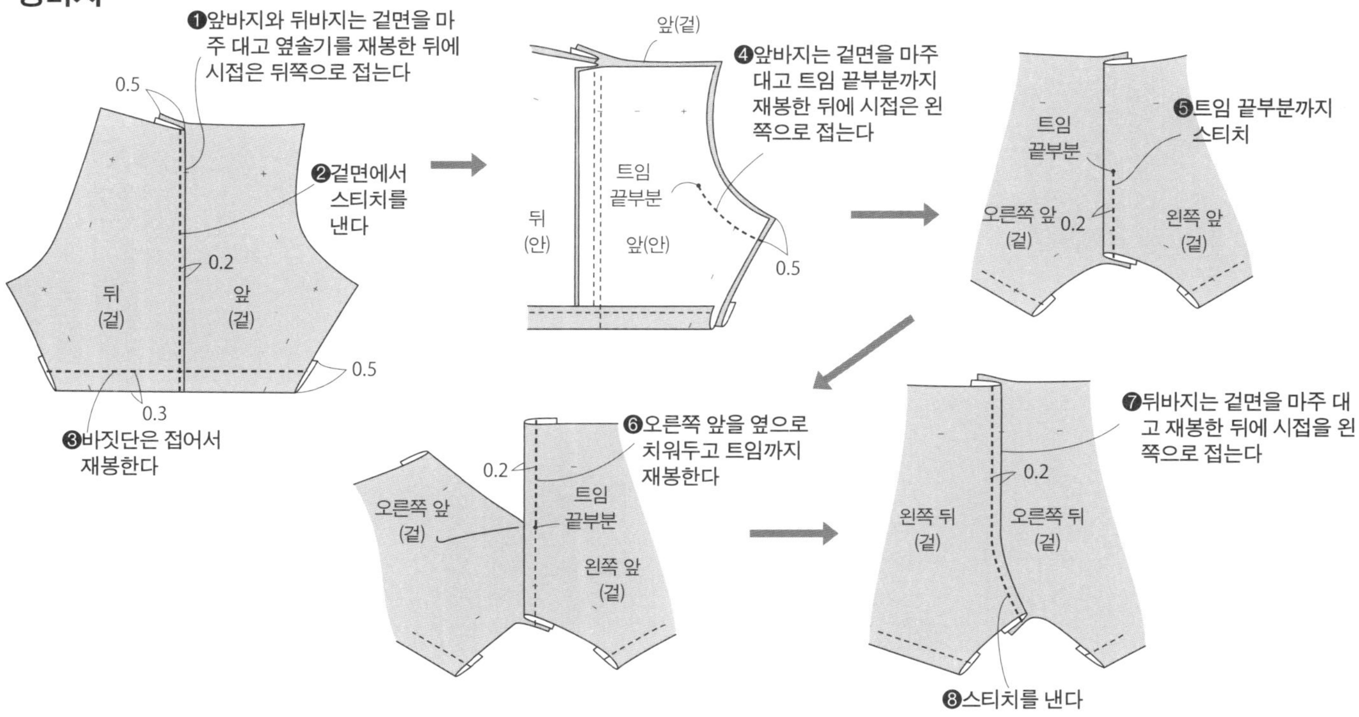

❶앞바지와 뒤바지는 겉면을 마주 대고 옆솔기를 재봉한 뒤에 시접은 뒤쪽으로 접는다

0.5
뒤(겉)
앞(겉)
0.2
0.5
0.3
❷겉면에서 스티치를 낸다
❸바짓단은 접어서 재봉한다

앞(겉)
뒤(안)
트임 끝부분
앞(안)
0.5
❹앞바지는 겉면을 마주 대고 트임 끝부분까지 재봉한 뒤에 시접은 왼쪽으로 접는다

트임 끝부분
오른쪽 앞(겉)
0.2
왼쪽 앞(겉)
❺트임 끝부분까지 스티치

오른쪽 앞(겉)
0.2
트임 끝부분
왼쪽 앞(겉)
❻오른쪽 앞을 옆으로 치워두고 트임까지 재봉한다

왼쪽 뒤(겉)
0.2
오른쪽 뒤(겉)
❼뒤바지는 겉면을 마주 대고 재봉한 뒤에 시접을 왼쪽으로 접는다
❽스티치를 낸다

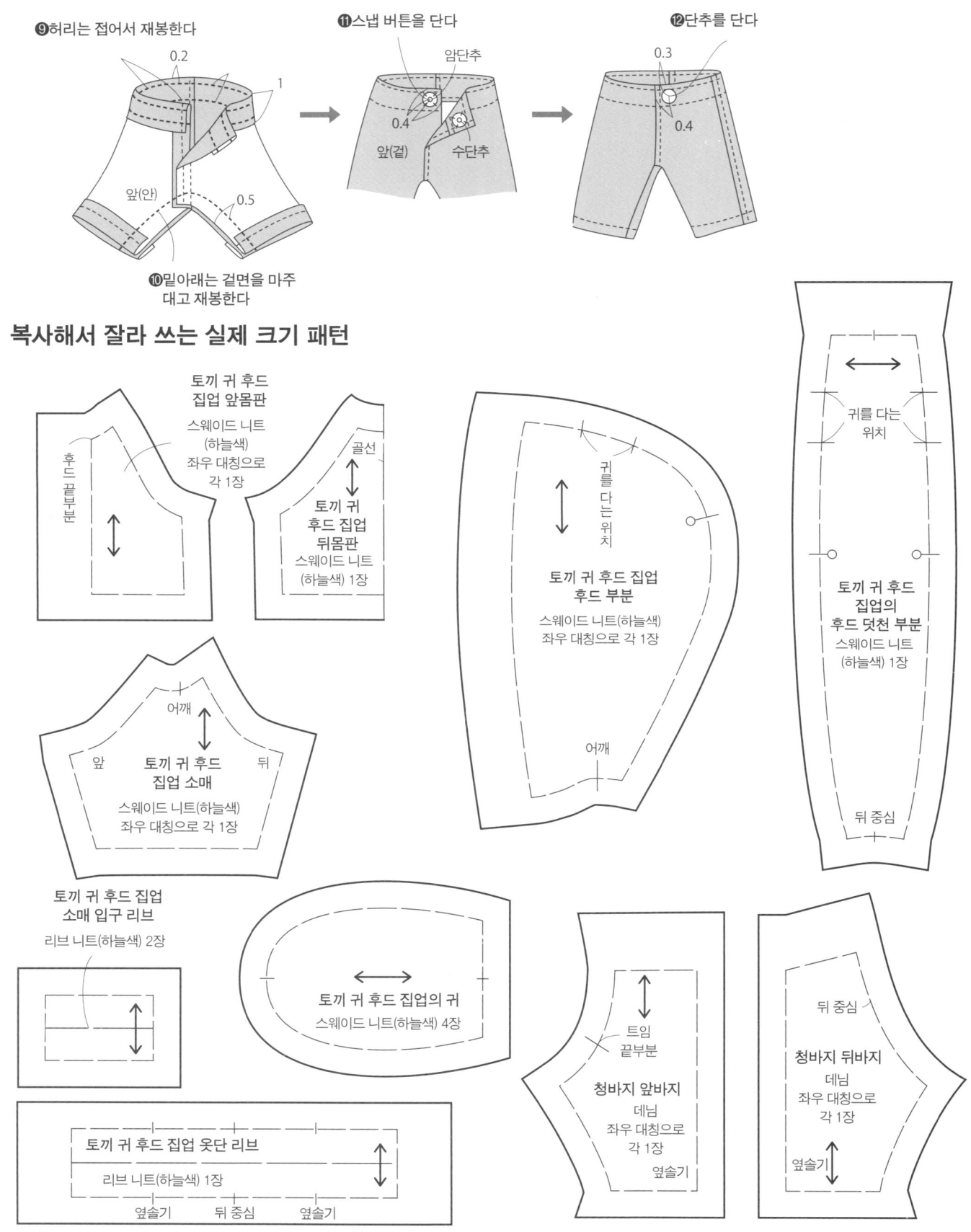

원피스 세트 >> P.6

실제 크기 패턴 >> P.39

재료

〈토끼 귀 카추샤〉
보아(흰색)…18×12cm
폭 0.6cm 고무 테이프…6cm
폭 0.6cm 리본(핑크)…16cm

〈프릴 원피스〉
버버리(핑크)…25×17cm
브로드(흰색)…5×4cm
폭 2cm 양면 스캘럽 레이스…3cm

폭 0.9cm 레이스(흰색)…12cm
폭 0.3cm 고무 테이프…4cm
폭 0.6cm 리본(핑크)…8cm
직경 0.4cm 스냅 버튼…3쌍

토끼 귀 카추샤

프릴 원피스

※천 가장자리에 올풀림 방지액을 발라둔다

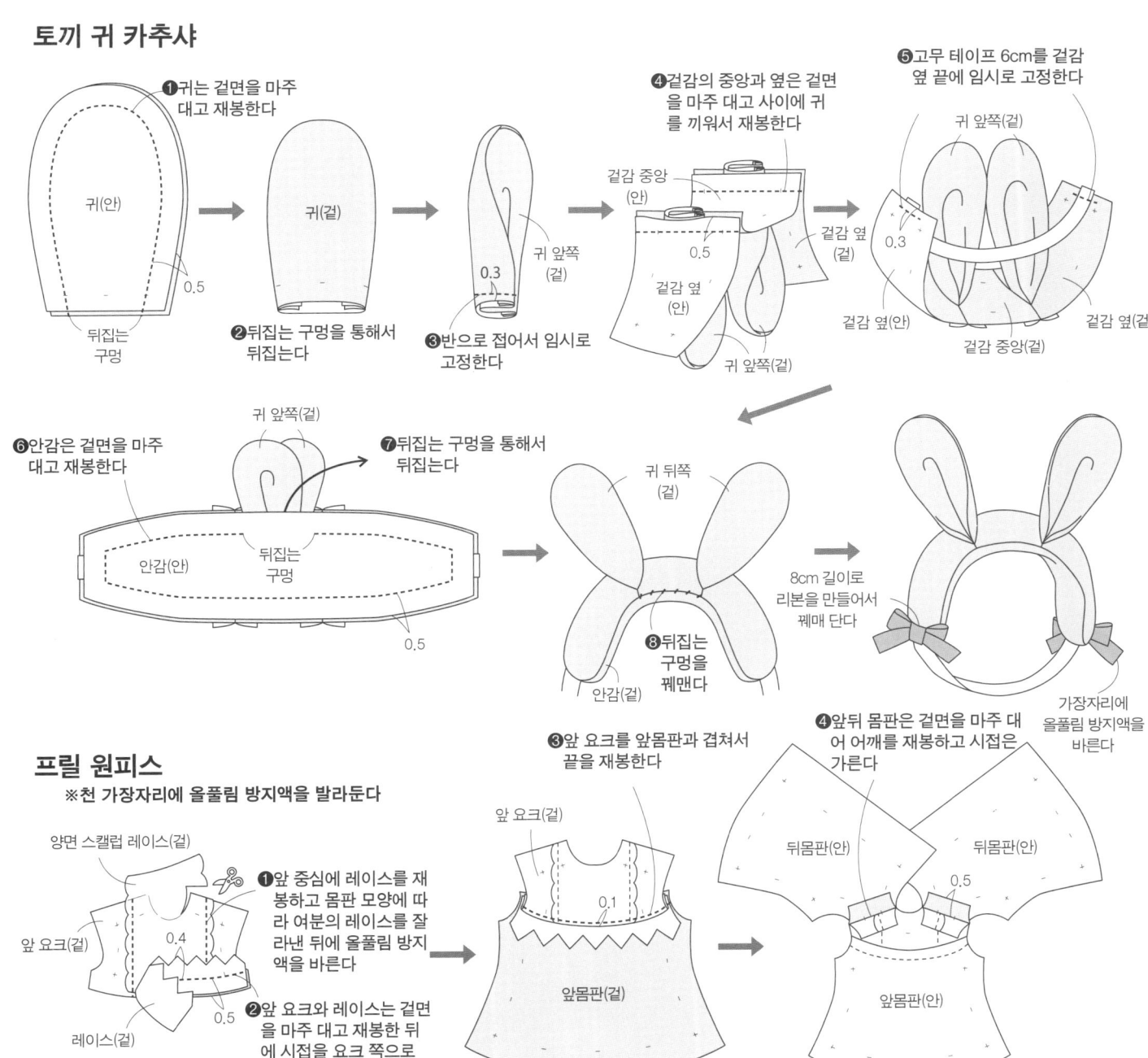

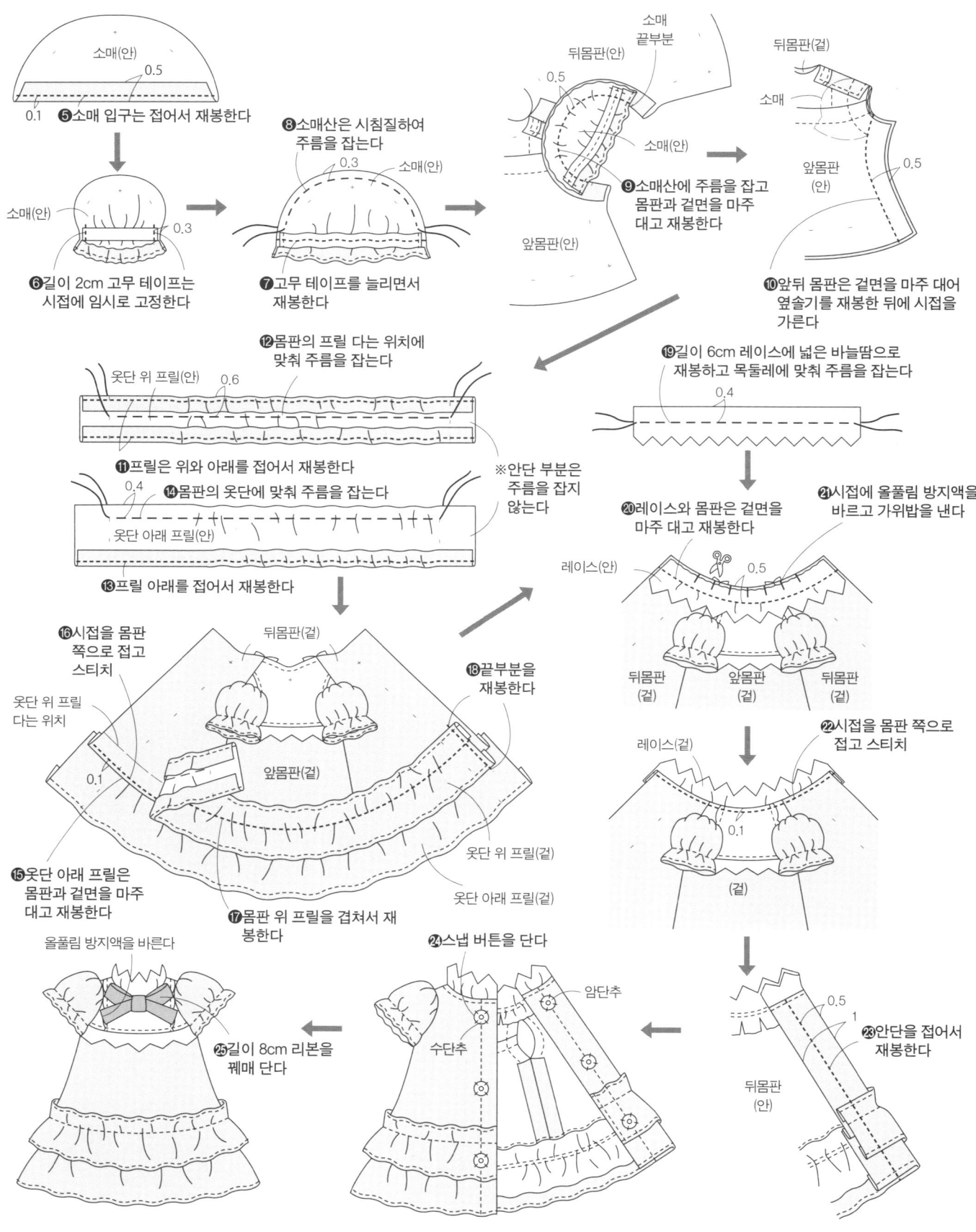

복사해서 잘라 쓰는 실제 크기 패턴

프릴 원피스 뒤몸판
버버리(핑크)
좌우 대칭으로 각 1장
옷단 위 프릴 다는 위치

- 안단
- 스냅 버튼을 다는 위치
- 소매 다는 끝부분
- 뒤중심

프릴 원피스 앞몸판
버버리(핑크) 1장
옷단 위 프릴 다는 위치

- 앞중심
- 앞 요크 다는 위치
- 소매 다는 끝부분

프릴 원피스 소매
버버리(핑크)
좌우 대칭으로 각 1장

- 어깨
- 주름
- 앞 / 뒤
- 고무 다는 위치

프릴 원피스 앞 요크
브로드(흰색) 1장

- 앞중심

토끼 귀 카추샤 귀
보아(흰색) 4장

토끼 귀 카추샤 겉감 옆
보아(흰색) 2장

토끼 귀 카추샤 겉감 중앙
보아(흰색) 1장

토끼 귀 카추샤 안감
보아(흰색) 1장

프릴 원피스 옷단 위 프릴
버버리(핑크) 1장

- 상단 / 하단
- 뒤중심
- 옆솔기
- 앞중심
- 주름

프릴 원피스 옷단 아래 프릴
버버리(핑크) 1장

- 상단 / 하단
- 뒤중심
- 옆솔기
- 앞중심
- 주름

39

드레스 >> P.8

실제 크기 패턴 >> P42, 43

재료
〈웨딩드레스〉
새틴(물방울 무늬)…56×23cm
접착심…10×9cm
직경 0.4cm 스냅 버튼…4쌍

폭 0.9cm 새틴 리본(흰색)…14cm
30번사…적당량

〈베일〉
폭 7cm 망사 레이스(흰색)…21cm
직경 0.35cm 펄비즈…5개

웨딩드레스

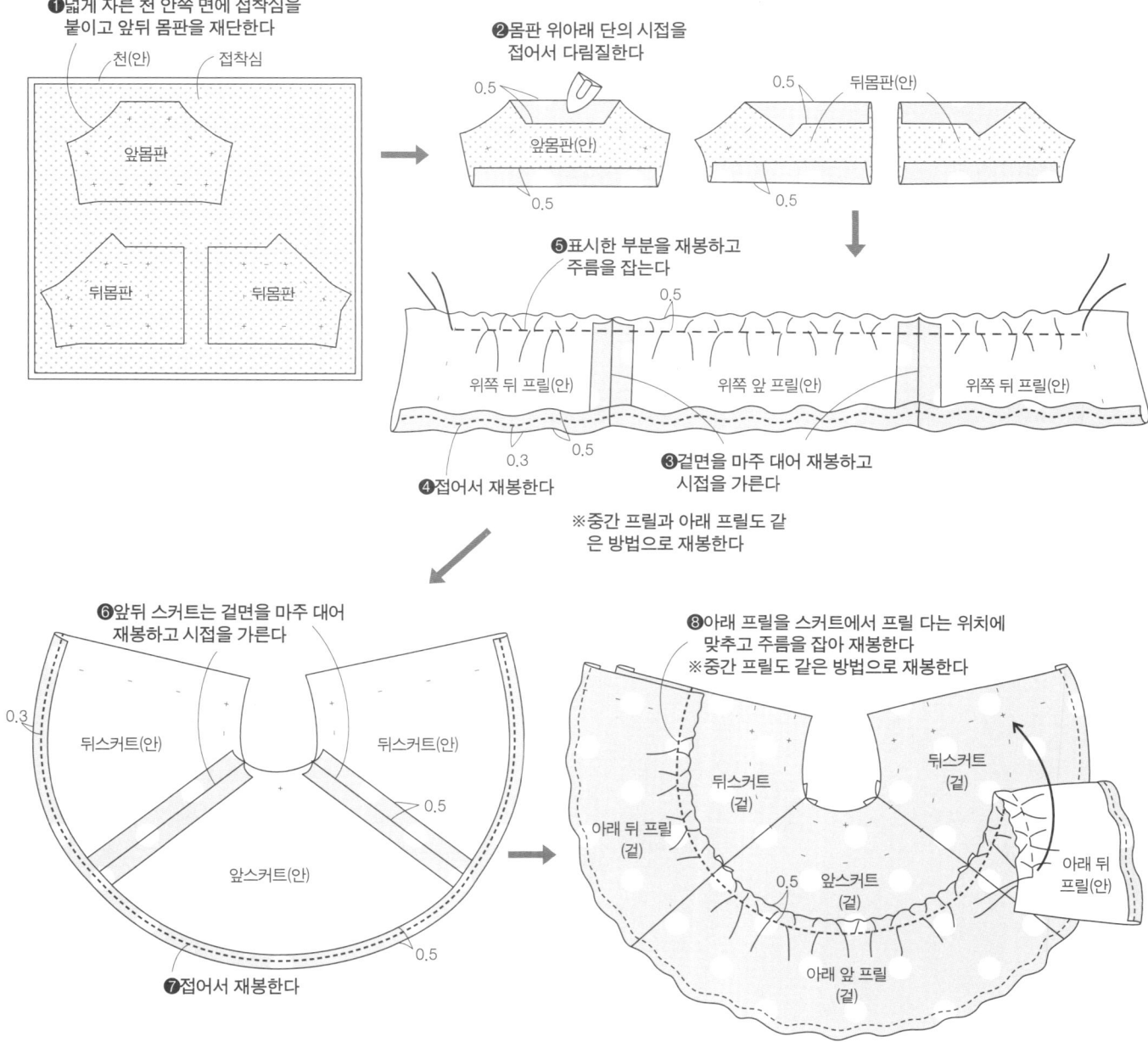

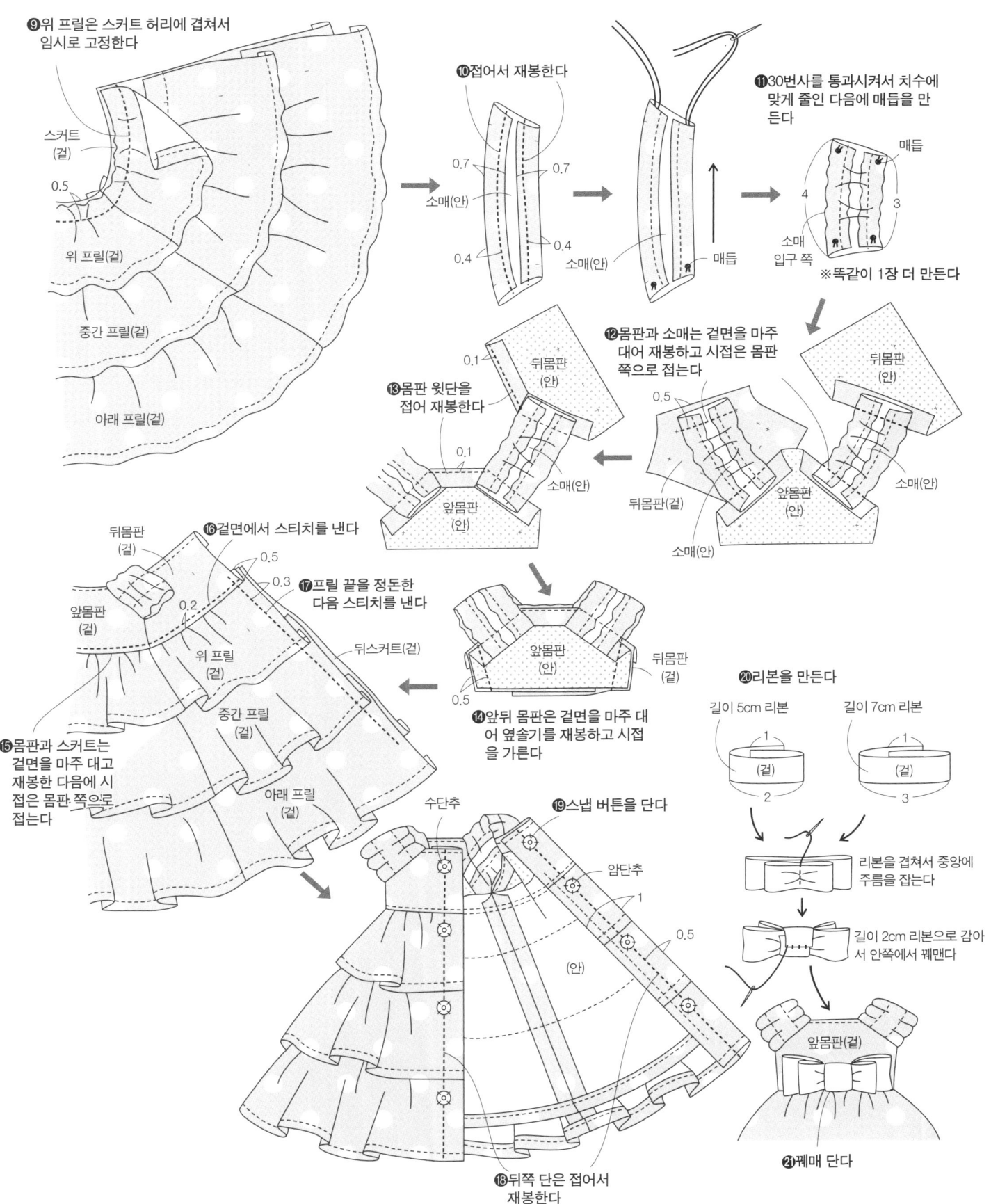

베일

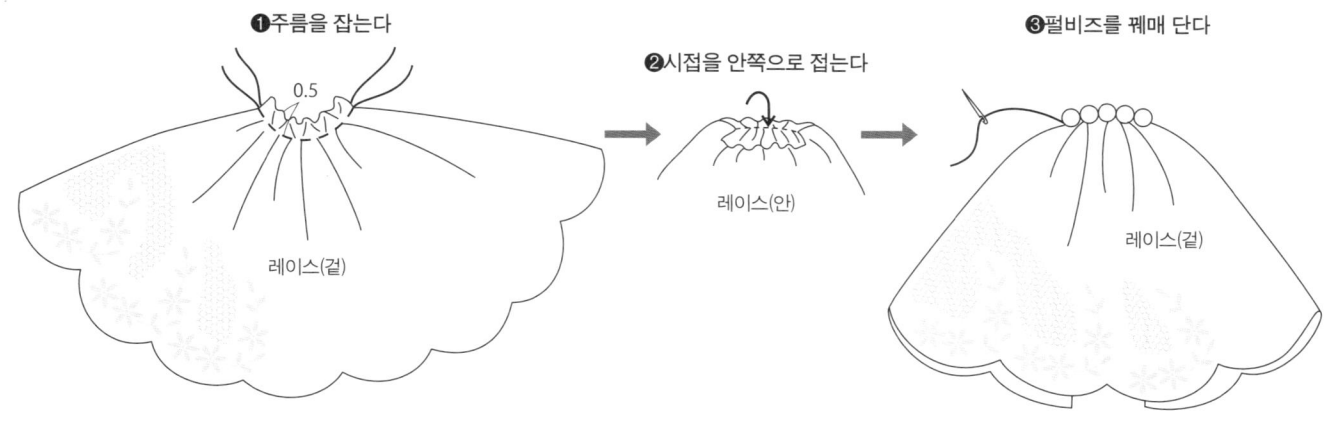

❶ 주름을 잡는다
0.5
레이스(겉)

❷ 시접을 안쪽으로 접는다
레이스(안)

❸ 펄비즈를 꿰매 단다
레이스(겉)

※양면 테이프나 고무 점토를 사용해서 인형에 붙인다

복사해서 잘라 쓰는 실제 크기 패턴

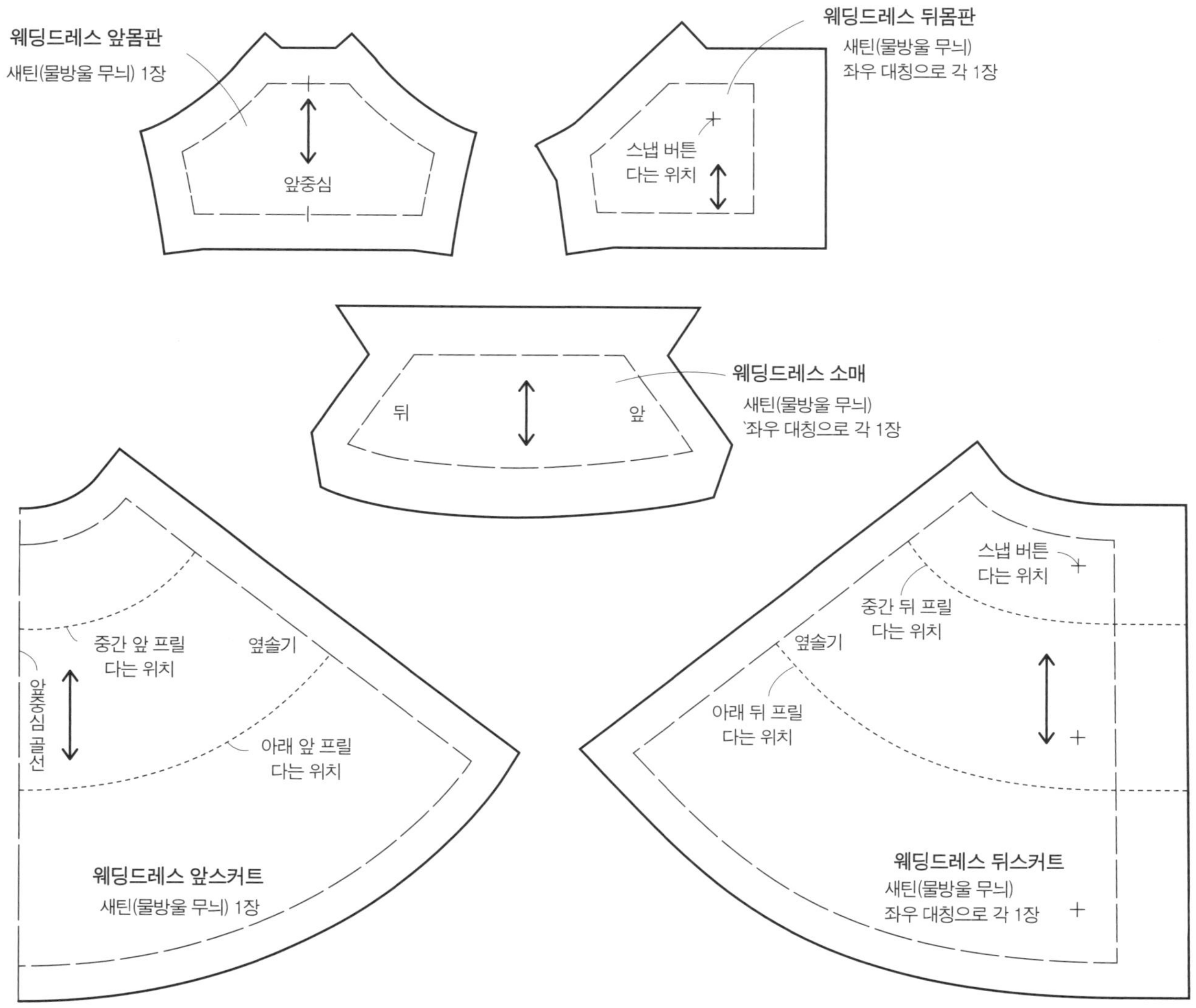

웨딩드레스 앞몸판
새틴(물방울 무늬) 1장
앞중심

웨딩드레스 뒤몸판
새틴(물방울 무늬)
좌우 대칭으로 각 1장
스냅 버튼 다는 위치

웨딩드레스 소매
새틴(물방울 무늬)
좌우 대칭으로 각 1장
뒤　앞

웨딩드레스 앞스커트
새틴(물방울 무늬) 1장
앞꽃중심 골선
중간 앞 프릴 다는 위치
옆솔기
아래 앞 프릴 다는 위치

웨딩드레스 뒤스커트
새틴(물방울 무늬)
좌우 대칭으로 각 1장
스냅 버튼 다는 위치
중간 뒤 프릴 다는 위치
옆솔기
아래 뒤 프릴 다는 위치

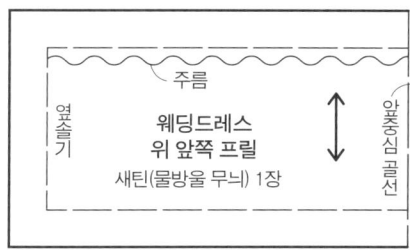
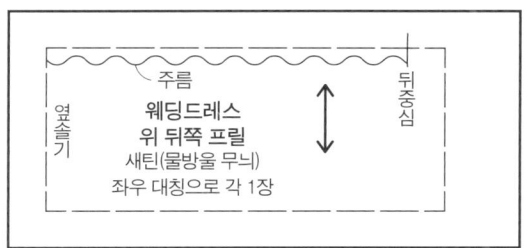
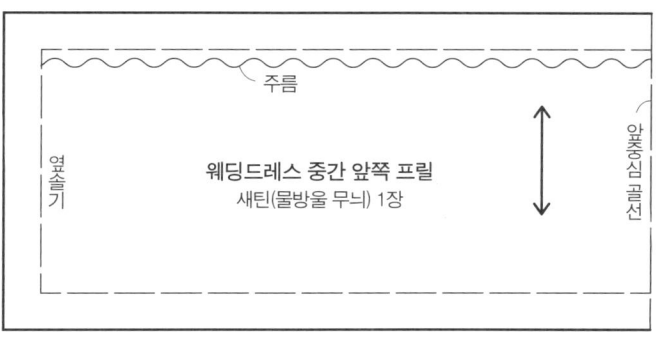
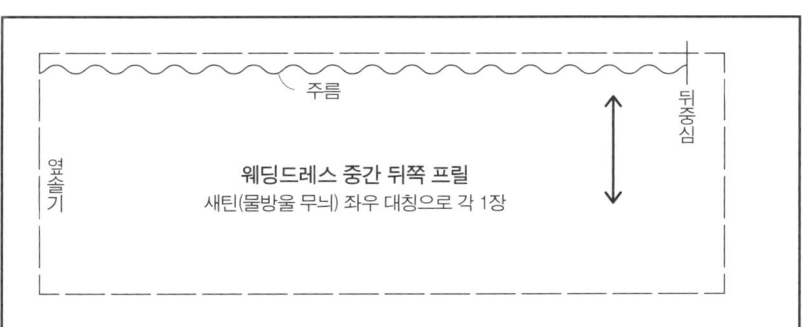
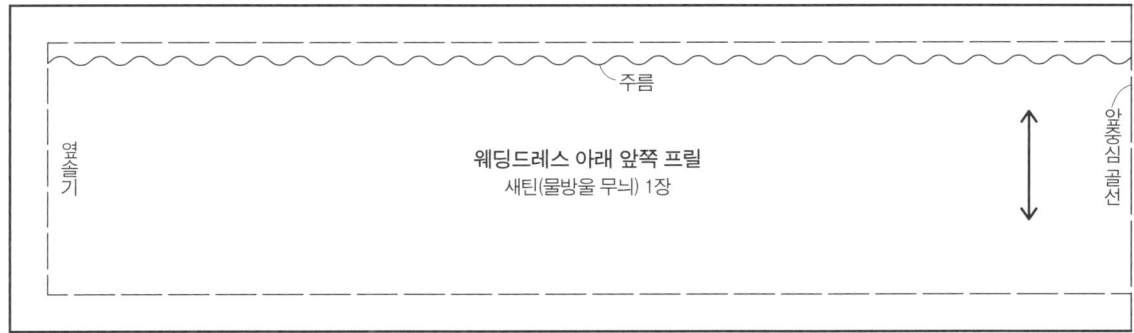
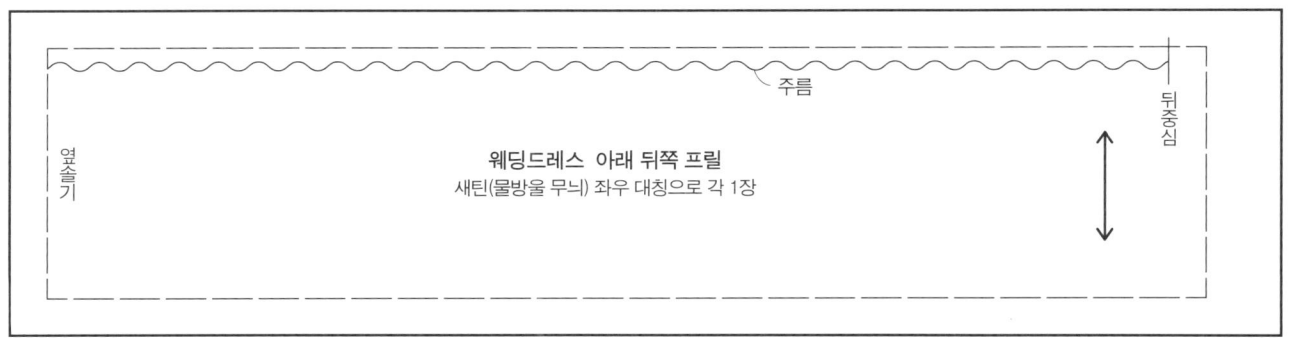

턱시도 >> P.8

실제 크기 패턴 >> P.47

재료

〈슬랙스〉
버버리(검정)…20×10cm
직경 0.4cm 스냅 버튼…1쌍
〈재킷〉
버버리(검정)…35×10cm
새틴(검정)…20×6cm

새틴(흰색)…4×4cm
직경 0.4cm 스냅 버튼…2쌍
직경 0.4cm 단추…3개

〈스탠드 칼라 셔츠〉
브로드(흰색)…30×8cm
폭 0.6cm 새틴 리본(검정)…8cm
작고 둥근 비즈…5개
직경 0.4cm 스냅 버튼…3쌍

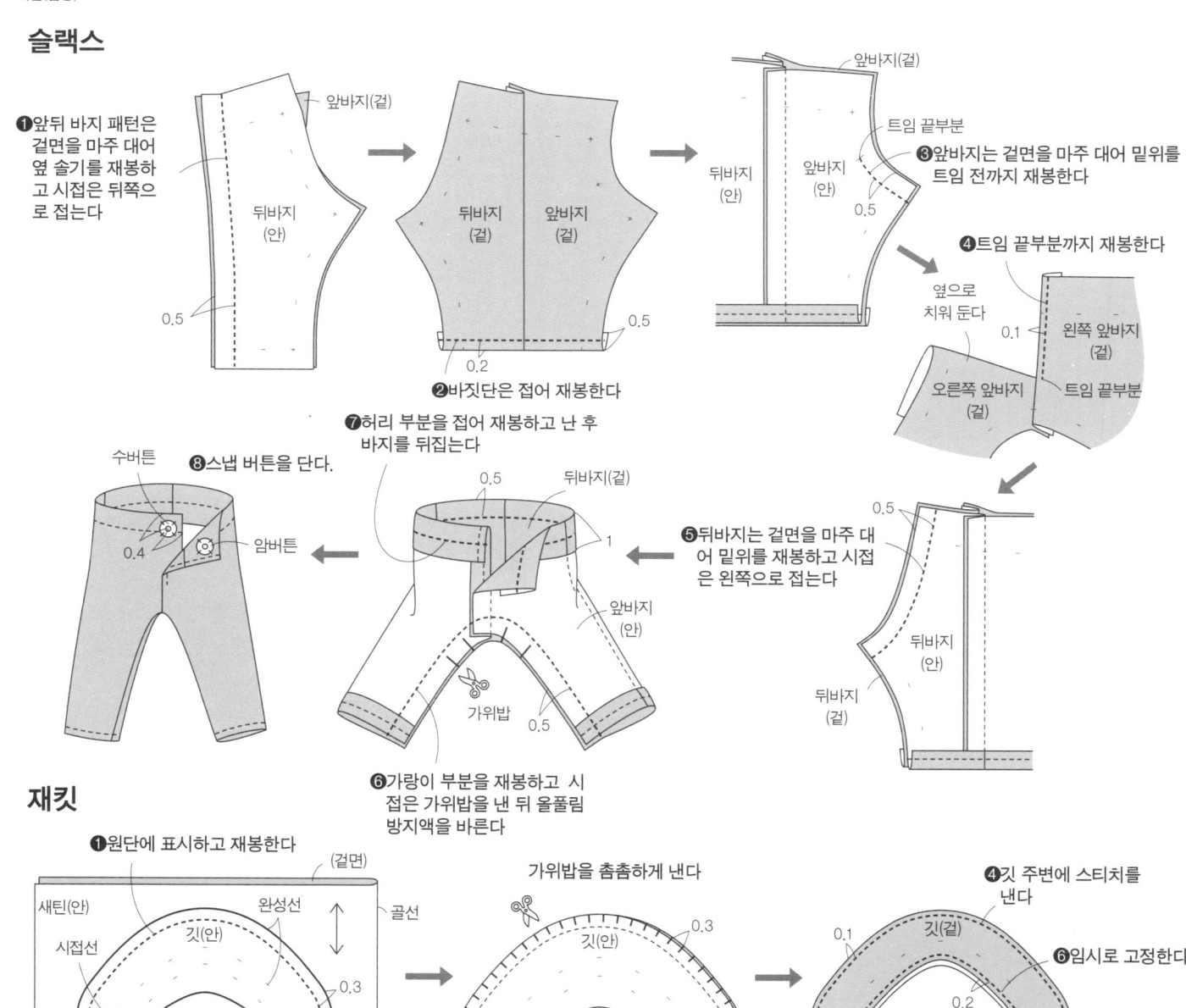

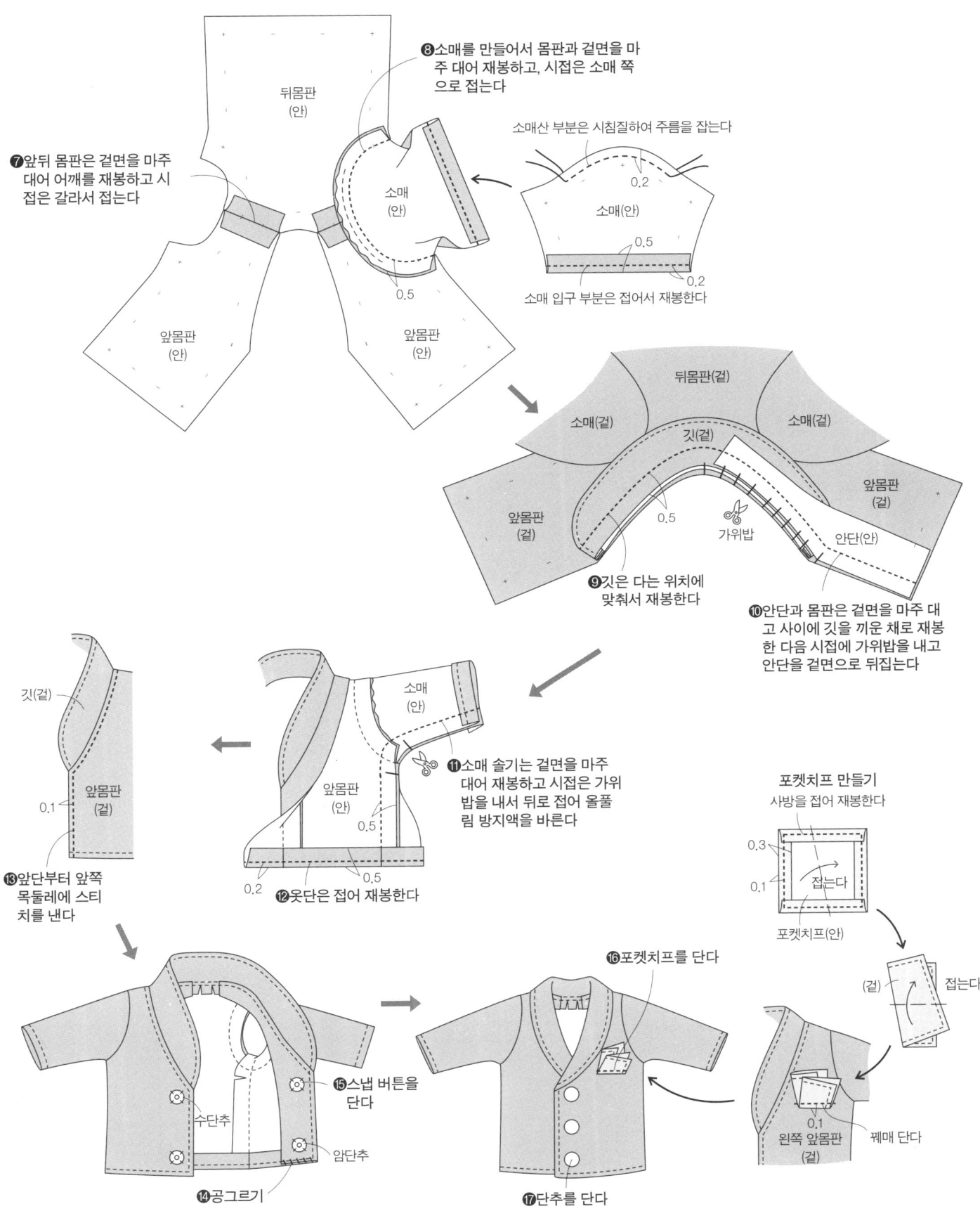

스탠드 칼라 셔츠

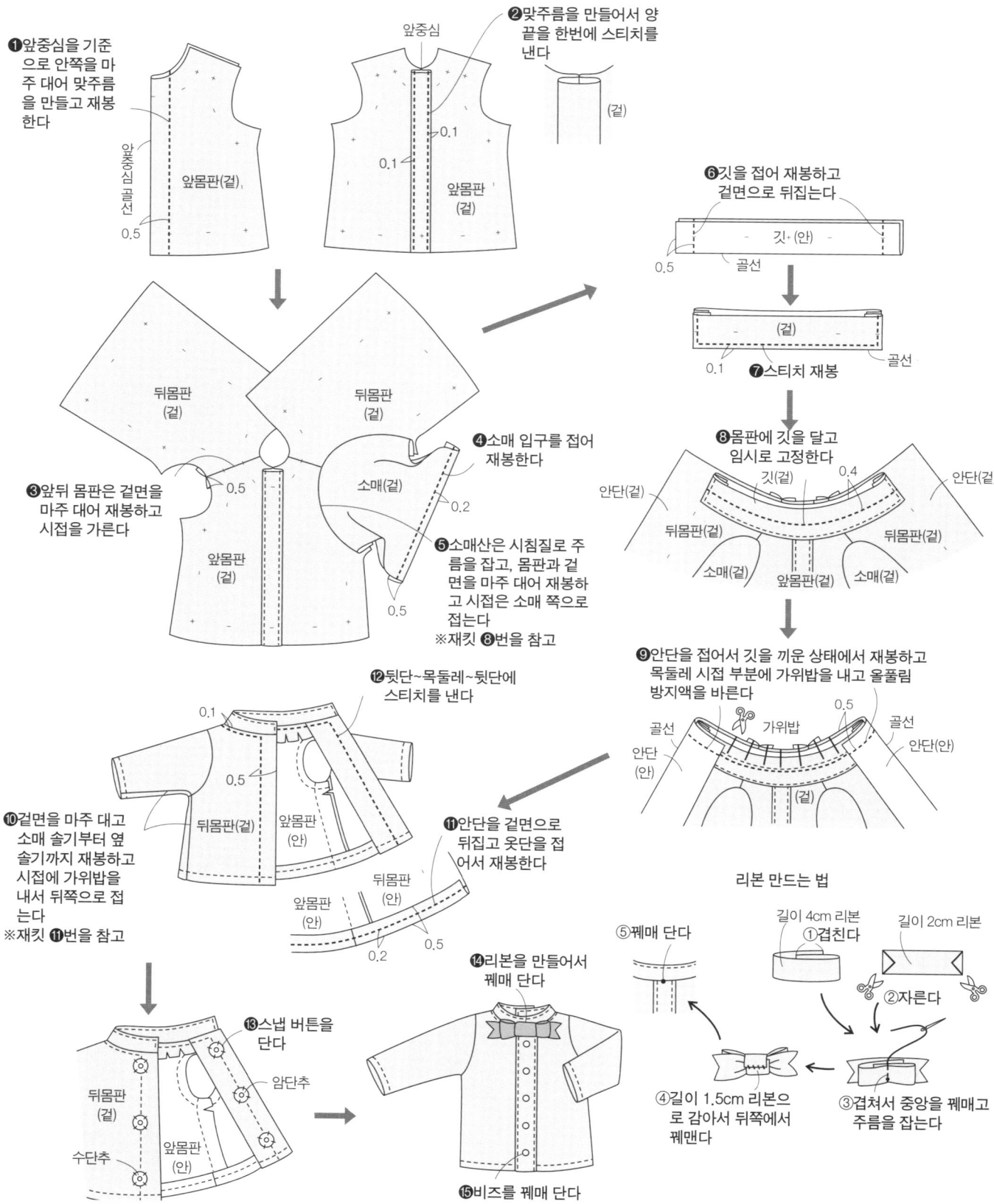

복사해서 잘라 쓰는 실제 크기 패턴

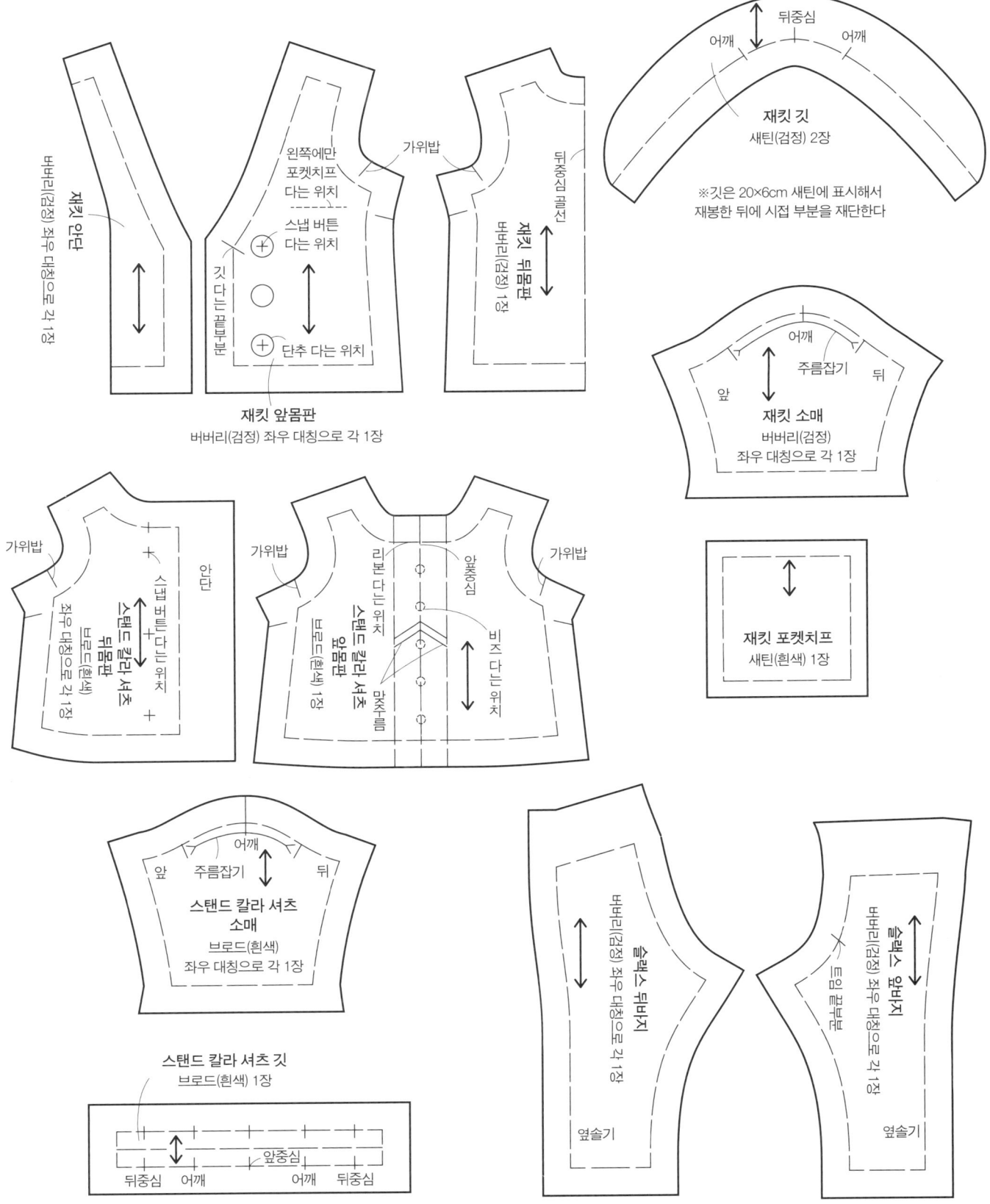

바지 세트 >> P.10

실제 크기 패턴 >> P.52

재료

<베레모>
브로드(민트그린)…15×12cm
론(민트그린)…15×12cm

<세일러복>
브로드(흰색)…20×13cm
브로드(민트그린)…12×8cm
폭 0.4cm 새틴 리본(민트그린)…17cm
폭 0.2cm 새틴 리본(흰색)…20cm
벨크로 테이프 접착 타입…0.5×3cm

<호박 바지>
브로드(민트그린)…15×10cm
벨크로 테이프 접착 타입…0.4×1cm

<양말>
면 니트(흰색)…8×5cm

베레모

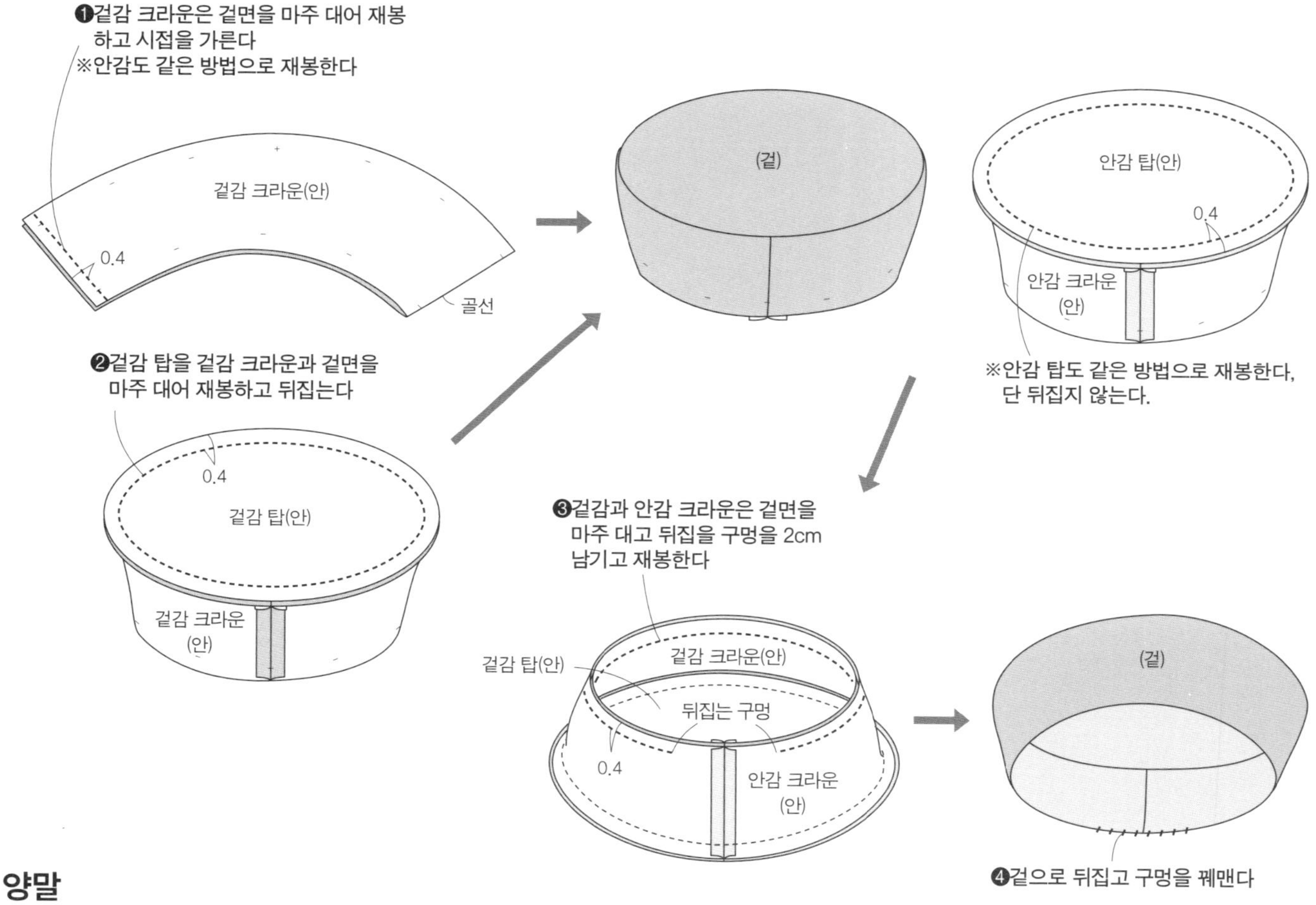

❶겉감 크라운은 겉면을 마주 대어 재봉
하고 시접을 가른다
※안감도 같은 방법으로 재봉한다
겉감 크라운(안)
0.4
골선
(겉)
안감 탑(안)
0.4
안감 크라운
(안)
※안감 탑도 같은 방법으로 재봉한다,
단 뒤집지 않는다.
❷겉감 탑을 겉감 크라운과 겉면을
마주 대어 재봉하고 뒤집는다
0.4
겉감 탑(안)
겉감 크라운
(안)
❸겉감과 안감 크라운은 겉면을
마주 대고 뒤집을 구멍을 2cm
남기고 재봉한다
겉감 탑(안)
겉감 크라운(안)
뒤집는 구멍
0.4
안감 크라운
(안)
(겉)
❹겉으로 뒤집고 구멍을 꿰맨다

양말

❶양말 입구는 접어서 재봉한다
0.1
0.3
양말(안)
❷겉면을 마주 대어 재봉하고
뒤집는다
골선
(안)
0.3

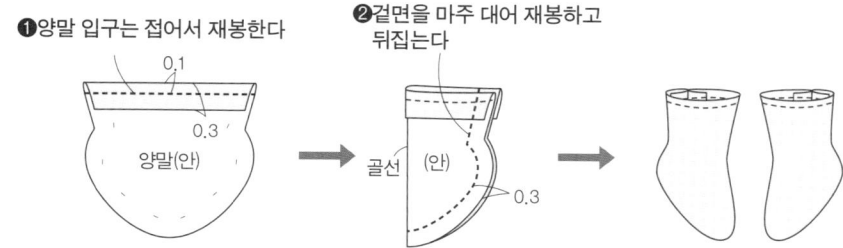

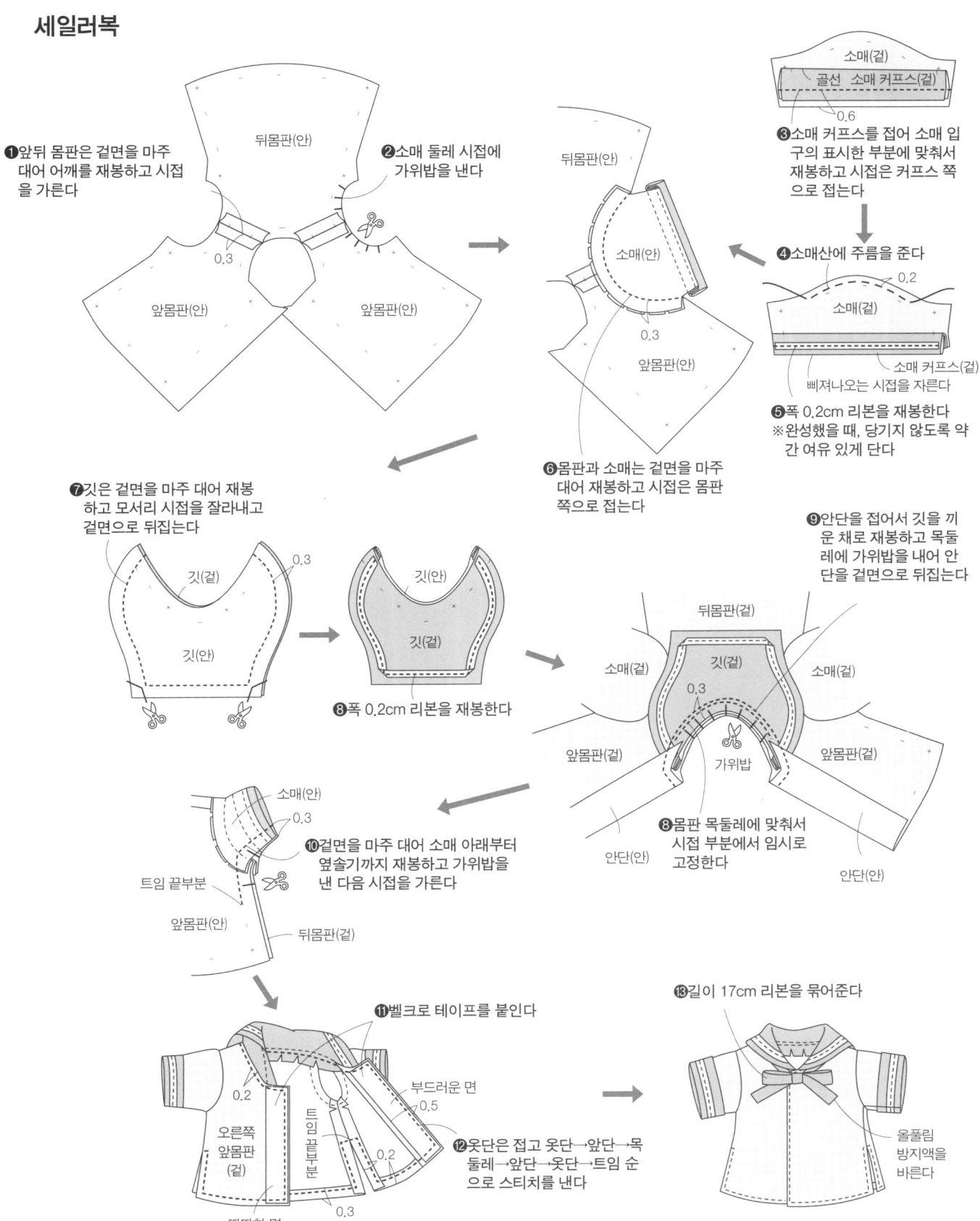

호박 바지

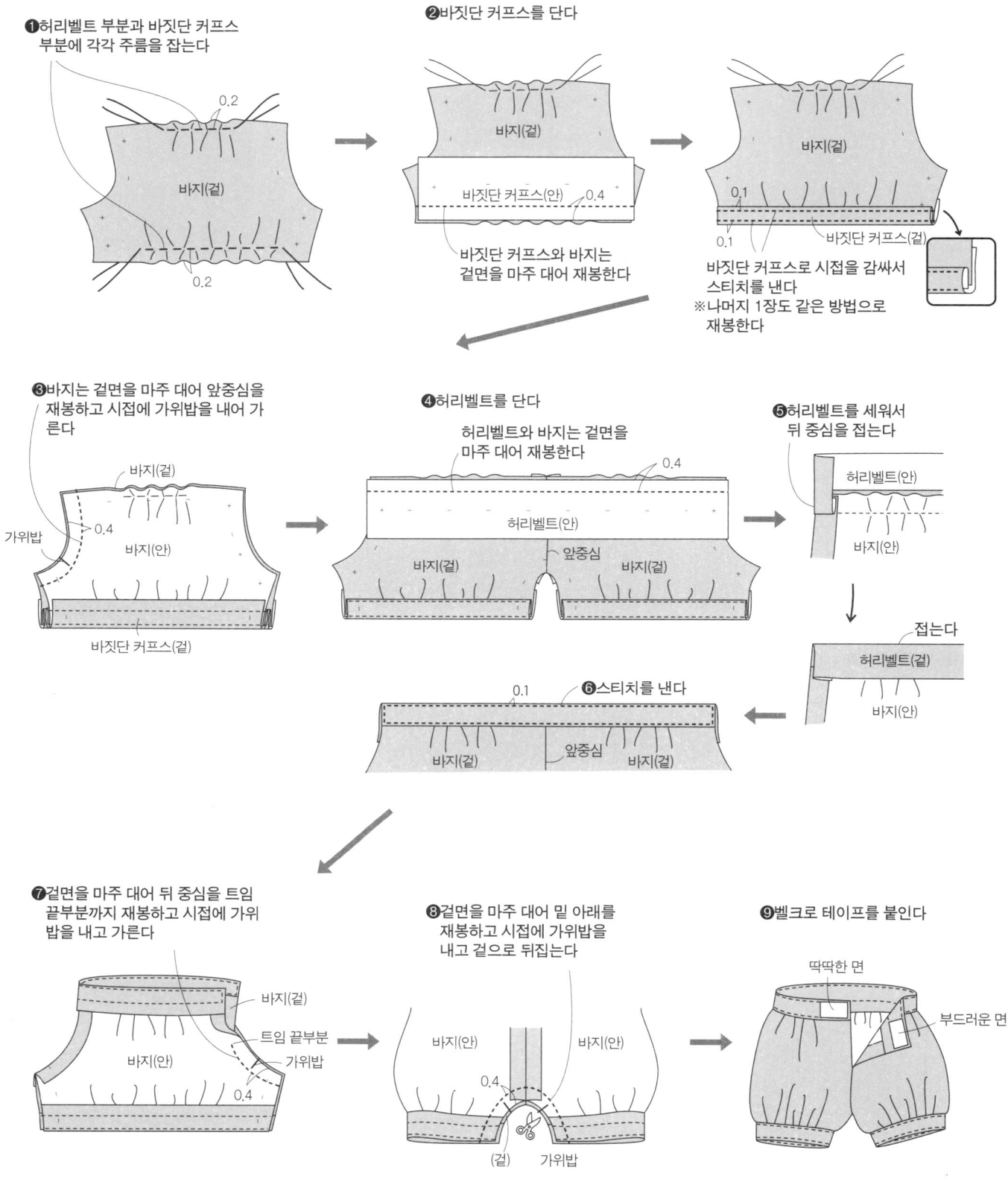

스커트 세트 >> P.10

실제 크기 패턴 >> P.52, 53

재료

〈베레모〉
브로드(흰색)…15×12cm
론(흰색)…15×12cm

〈세일러복〉
브로드(민트그린)…20×13cm
브로드(흰색)…12×8cm
폭 0.4cm 새틴 리본(흰색)…17cm
폭 0.2cm 새틴 리본(민트그린)…20cm
벨크로 테이프 접착 타입…0.5×3cm

〈플레어 스커트〉
브로드(흰색)…15×17cm
벨크로 테이프 접착 타입…0.4×1cm

베레모 ※만드는 법은 P.48 베레모 참고

세일러복 ※만드는 법은 P.49 세일러복 참고

플레어 스커트

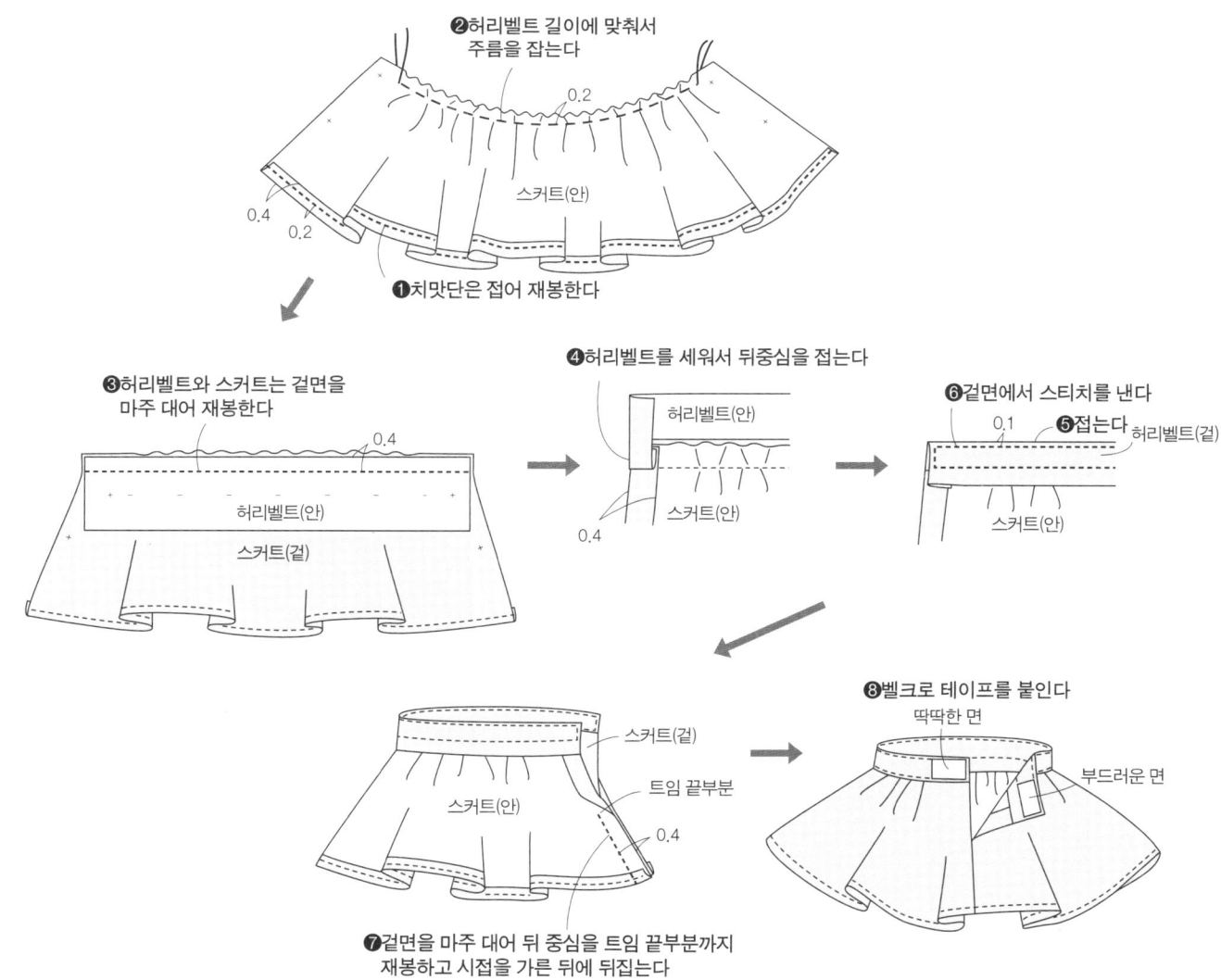

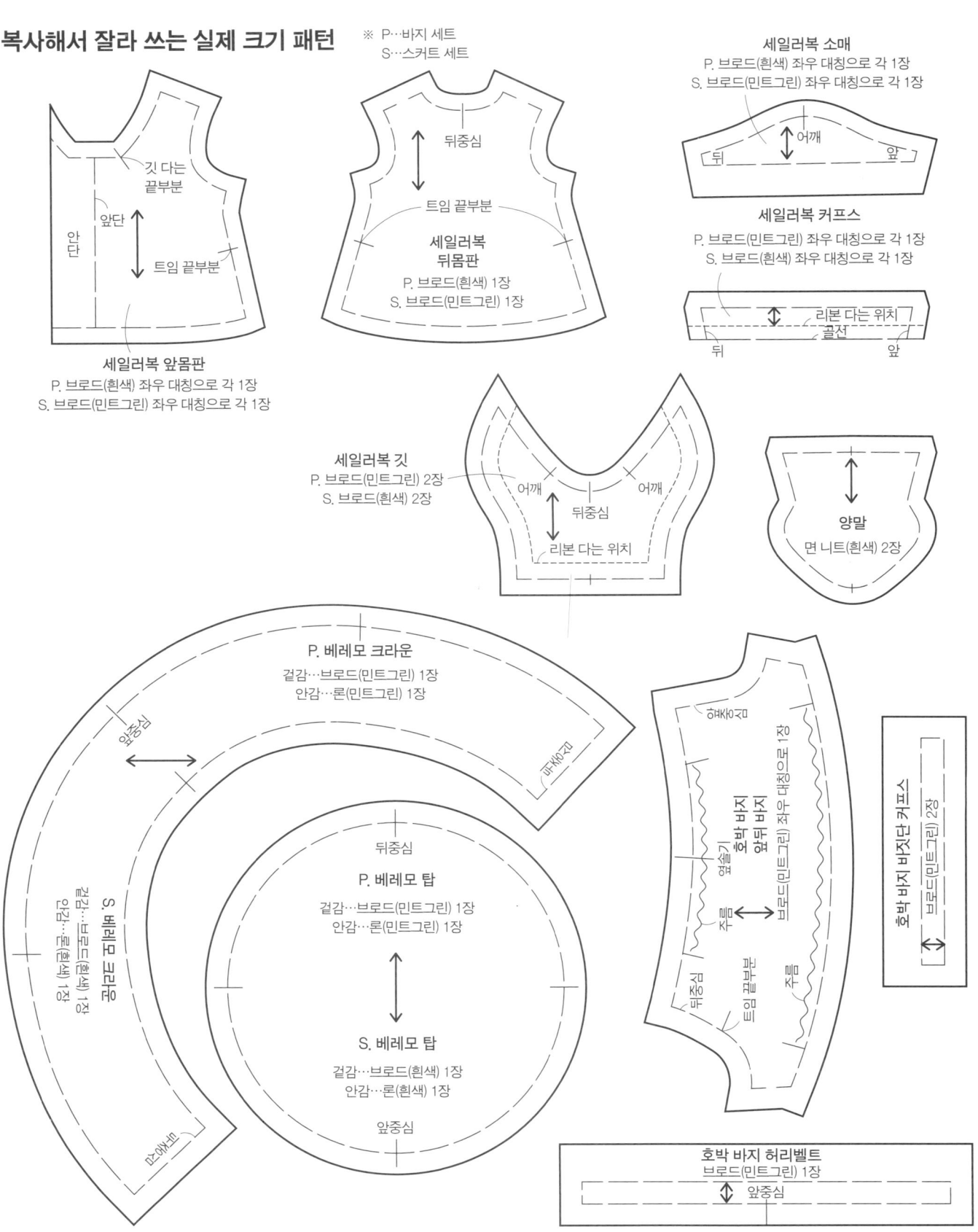

복사해서 잘라 쓰는 실제 크기 패턴

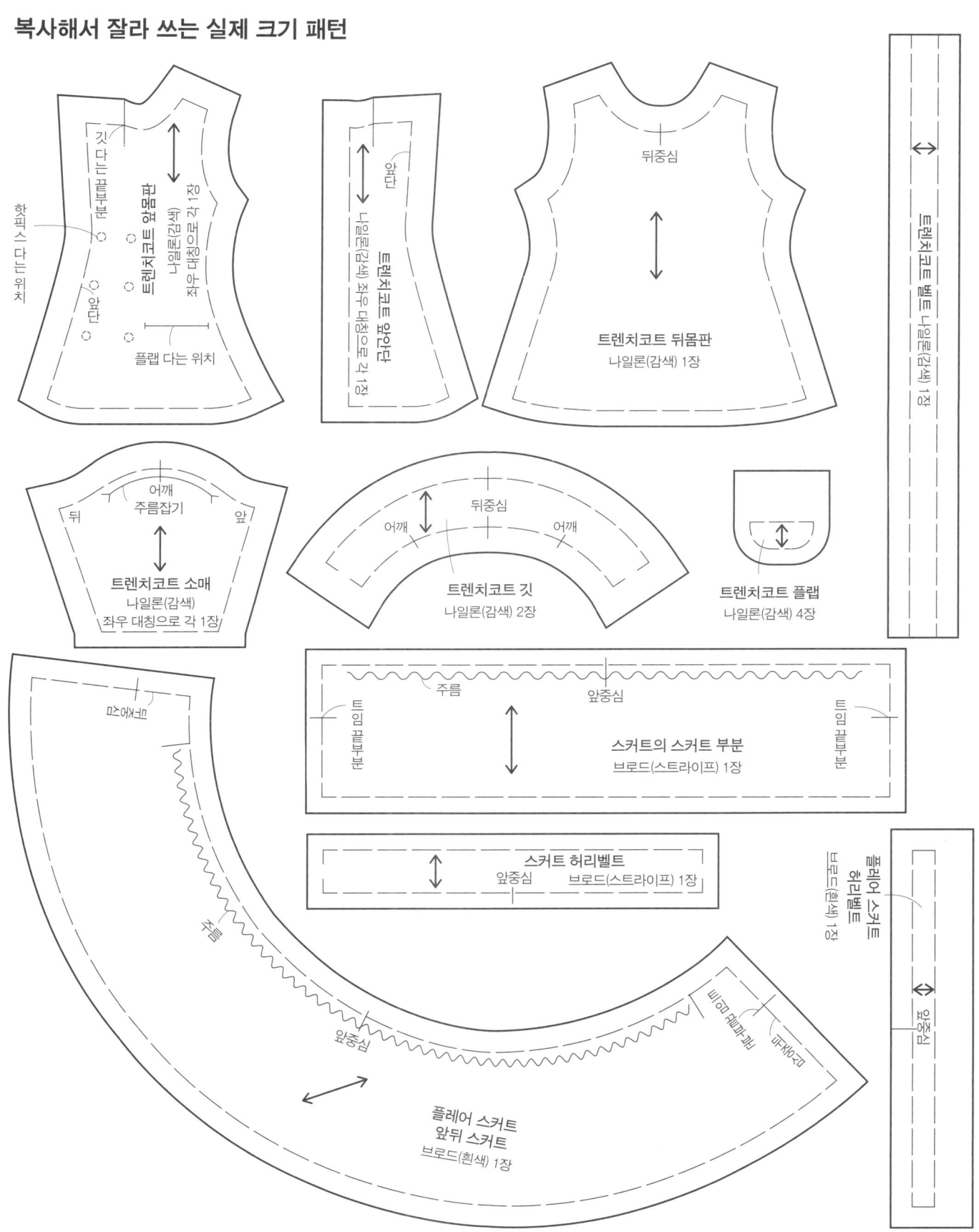

레인 코트 >> P.12

실제 크기 패턴 >> P.55

재료
나일론 (블루)…45×12cm
직경 0.4cm 단추…4개
직경 0.4cm 스냅 버튼…2쌍

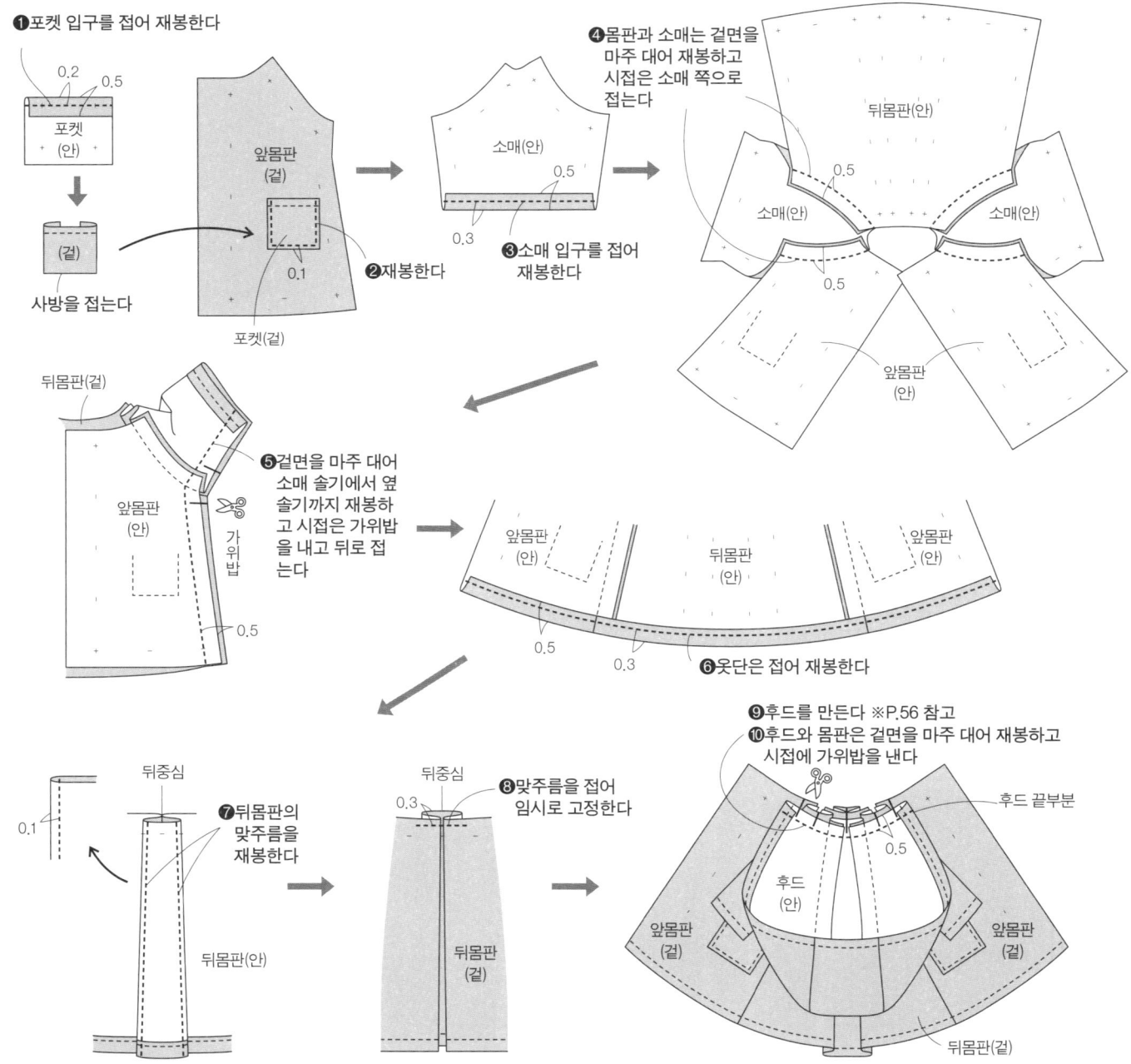

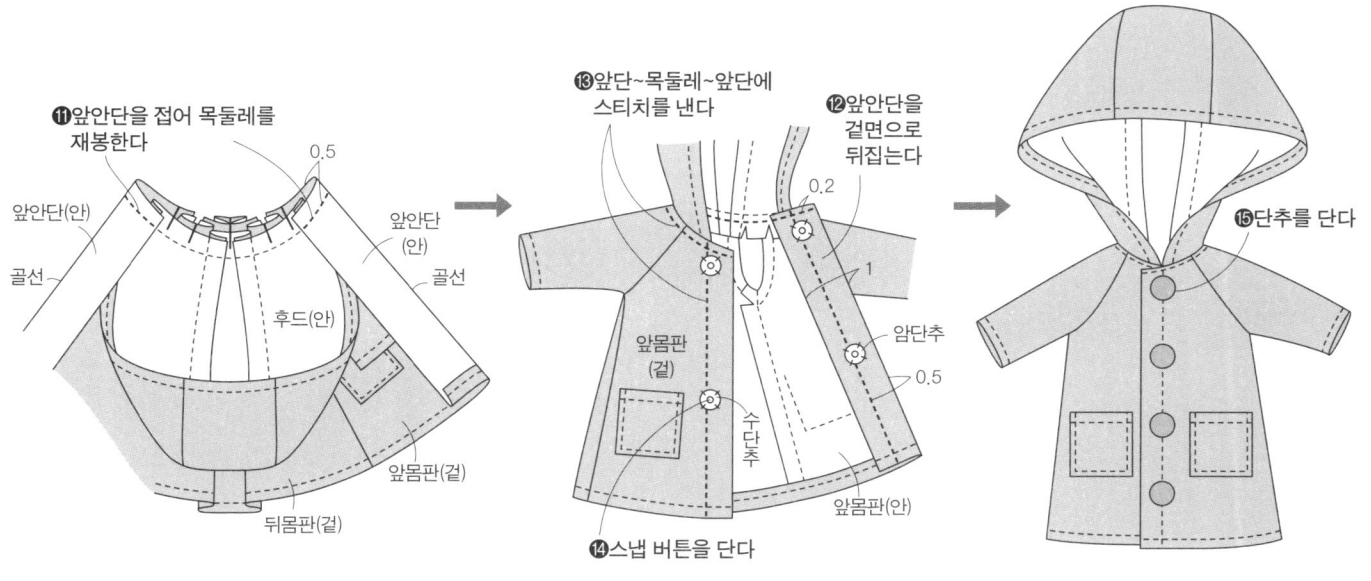

복사해서 잘라 쓰는 실제 크기 패턴

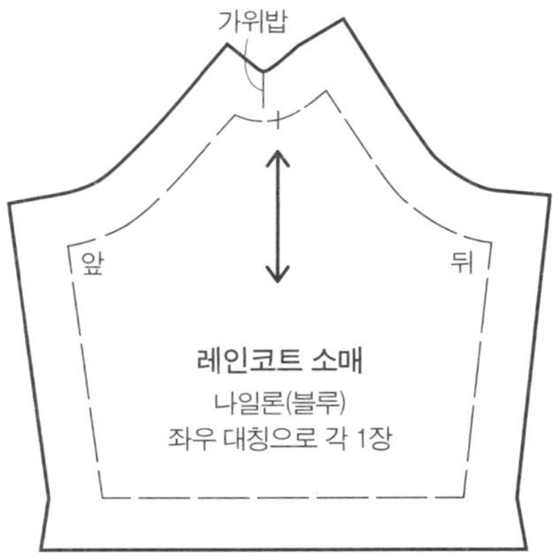

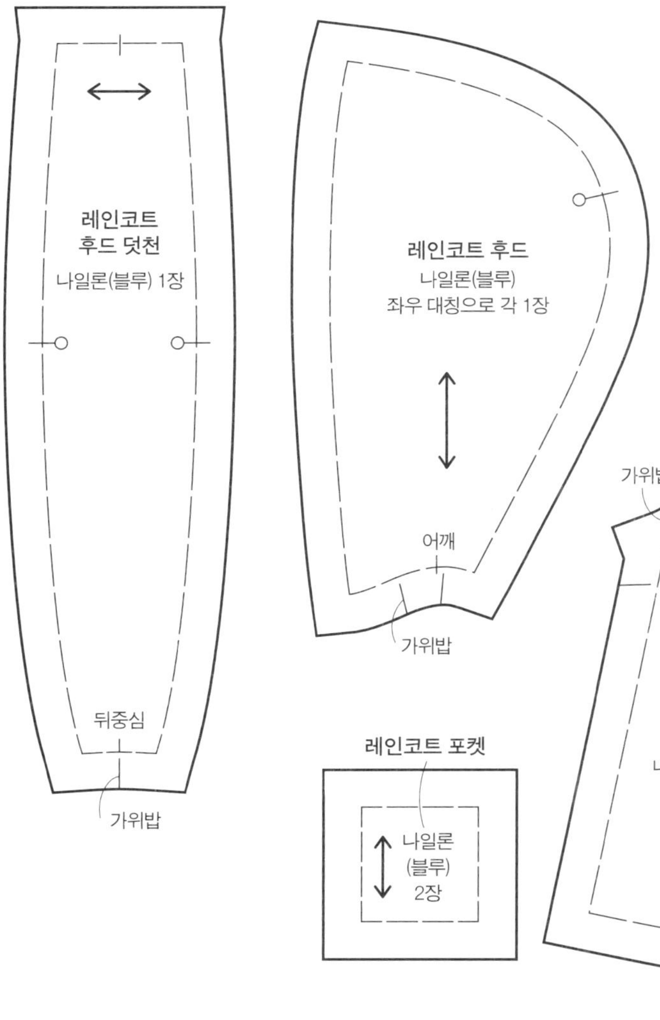

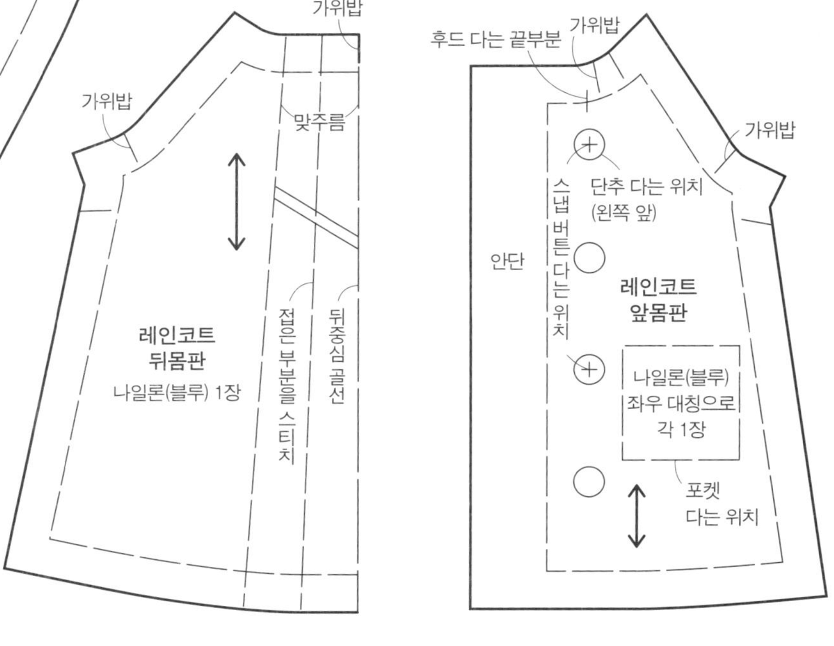

판초 >> P.12

실제 크기 패턴 >> P.57

재료

나일론(도트)…45×12cm
직경 0.4cm 단추…2개
직경 0.4cm 스냅 버튼…3쌍
폭 0.6cm 새틴 리본…11cm

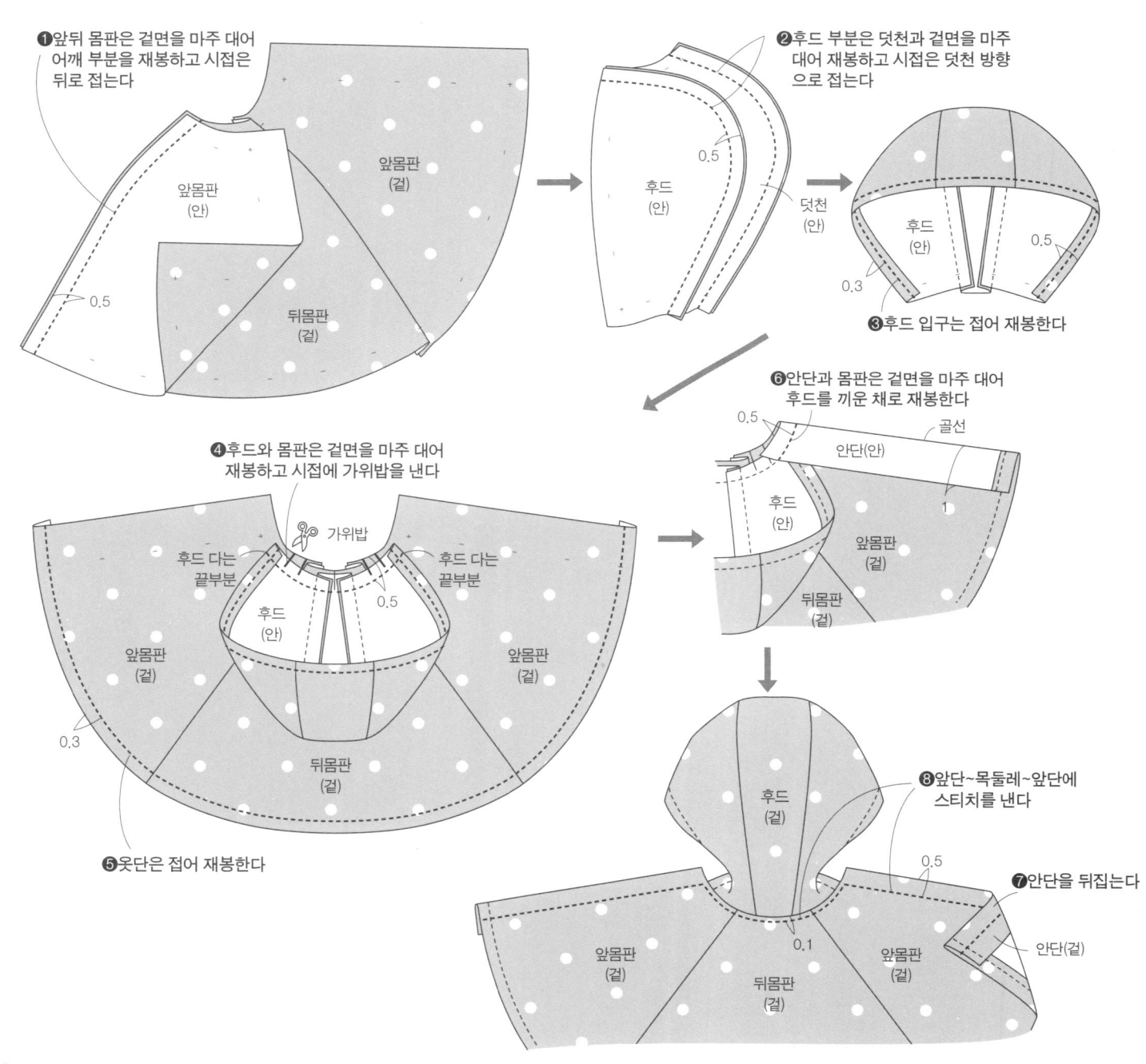

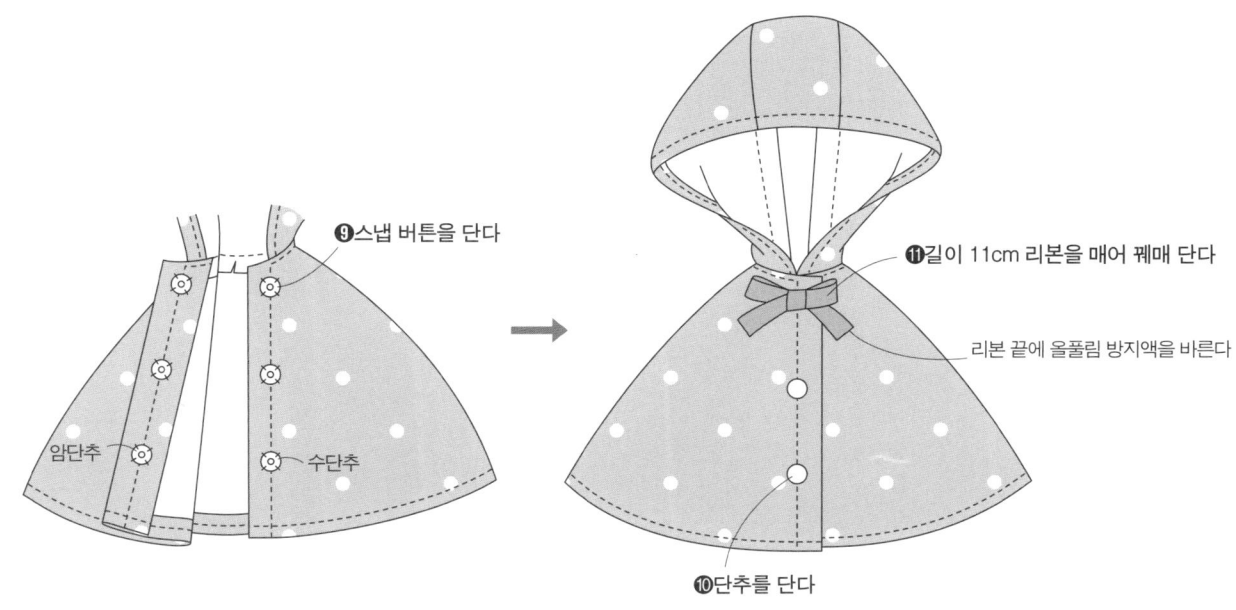

❾ 스냅 버튼을 단다
암단추 수단추
❿ 단추를 단다
⓫ 길이 11cm 리본을 매어 꿰매 단다
리본 끝에 올풀림 방지액을 바른다

복사해서 잘라 쓰는 실제 크기 패턴

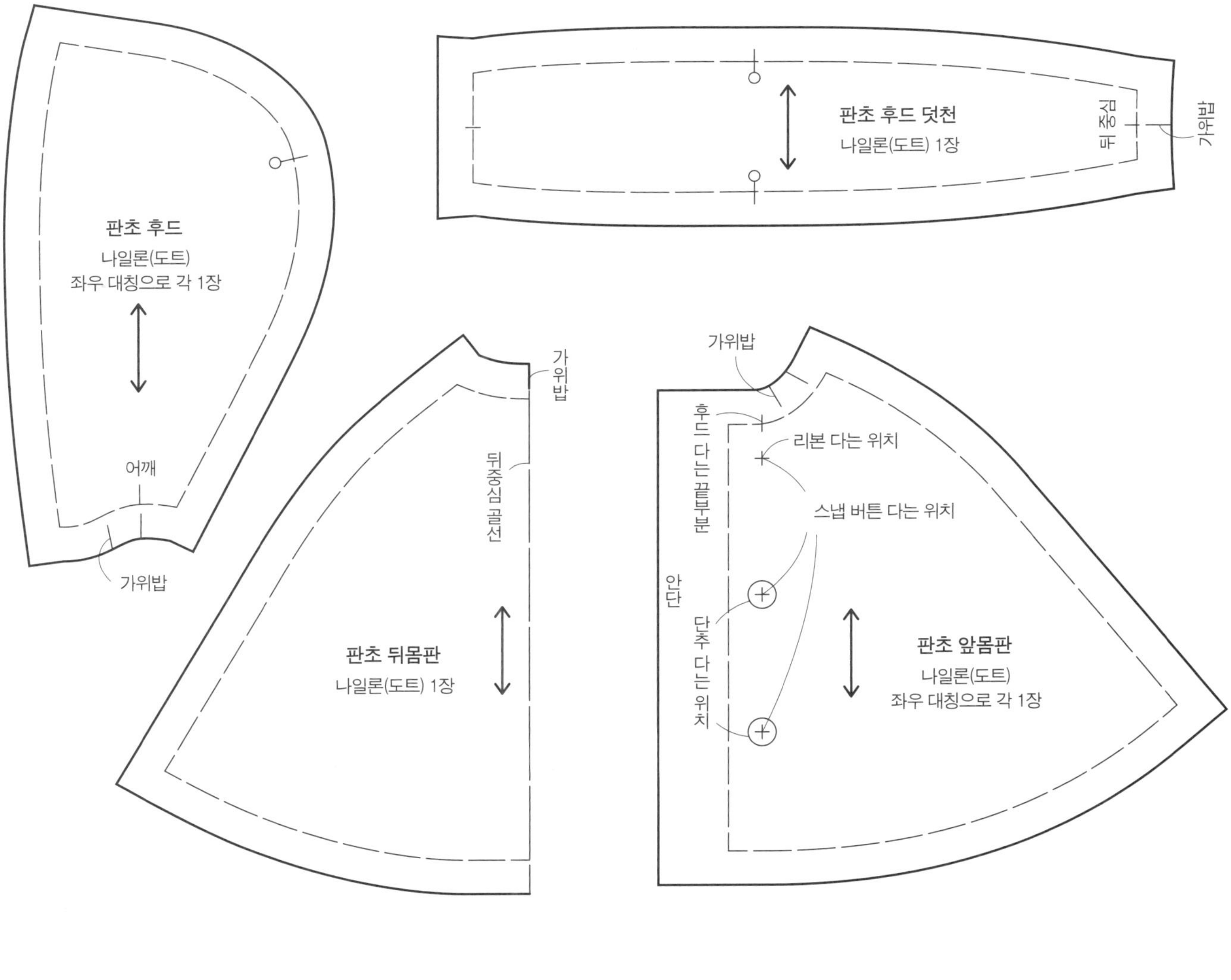

판초 후드
나일론(도트)
좌우 대칭으로 각 1장
어깨
가위밥

판초 후드 덧천
나일론(도트) 1장

판초 뒤몸판
나일론(도트) 1장
뒤중심 골선
가위밥

판초 앞몸판
나일론(도트)
좌우 대칭으로 각 1장
가위밥
후드 다는 끝부분
리본 다는 위치
스냅 버튼 다는 위치
안단
단추 다는 위치

57

비키니 >> P.14

실제 크기 패턴 >> P.59

재료

〈비키니 세트〉
나일론(깅엄체크)…10×5cm
스무스 니트(오렌지)…15×5cm
폭 1cm 러셀 레이스…15cm

폭 0.3cm 리본(노랑)…20cm
직경 0.2cm 핫픽스(실버)…2개
벨크로 테이프…0.6×1.1cm

〈스커트〉
나일론(깅엄체크)…15×10cm
폭 1.2cm 러셀 레이스…15cm

비키니 세트 탑

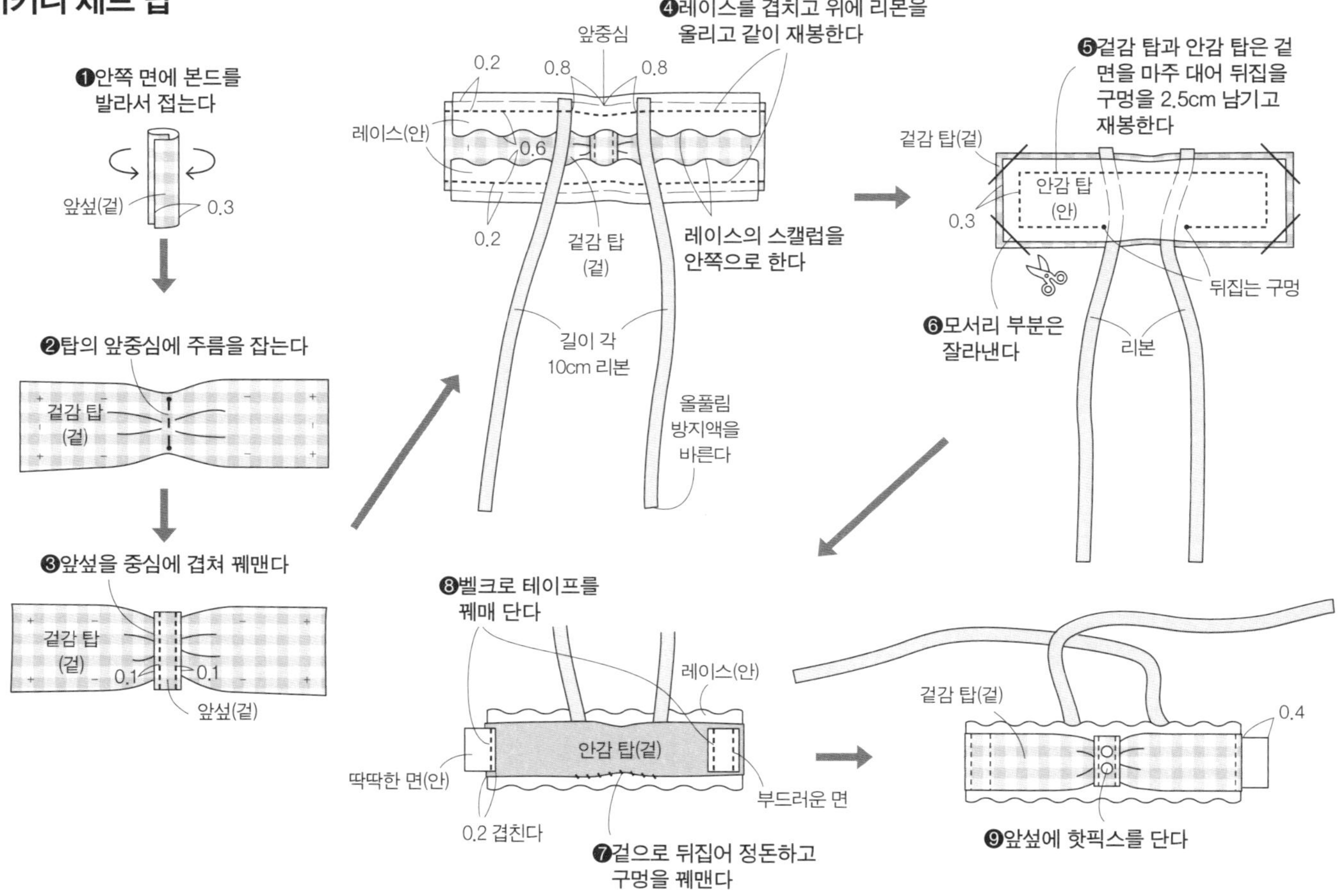

비키니 세트 팬티

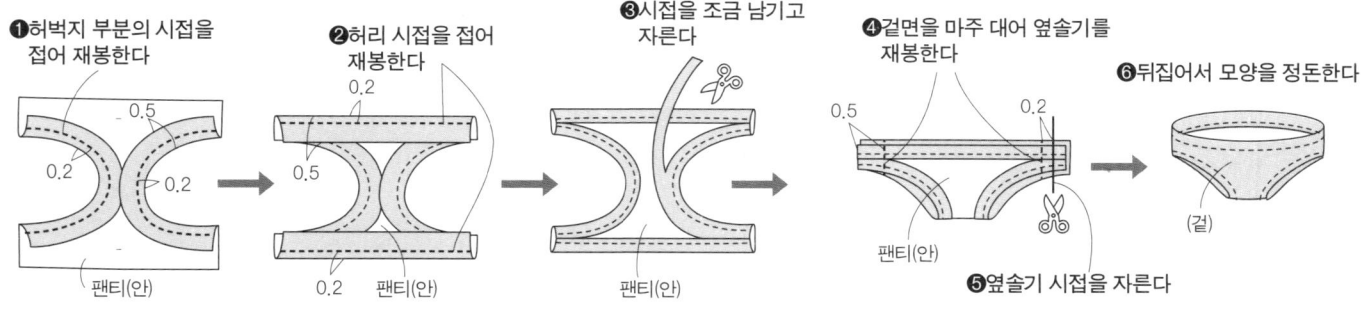

스커트

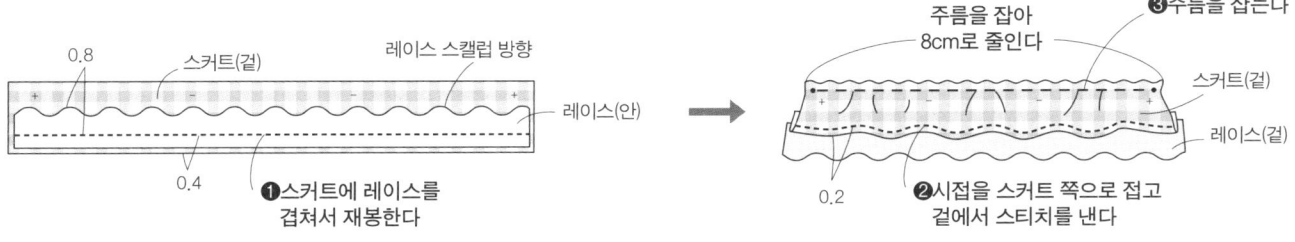

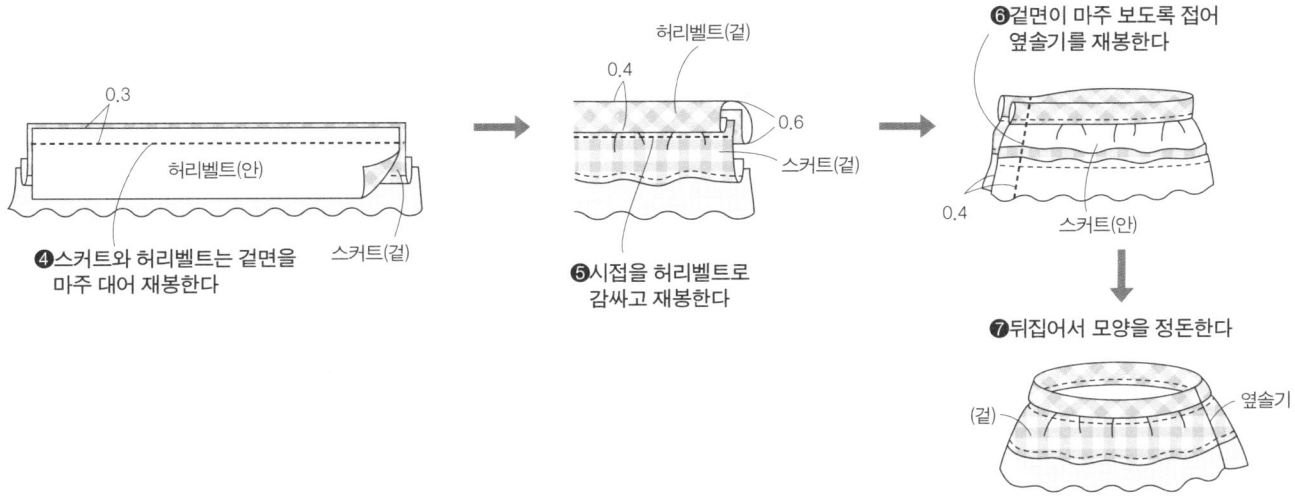

복사해서 잘라 쓰는 실제 크기 패턴

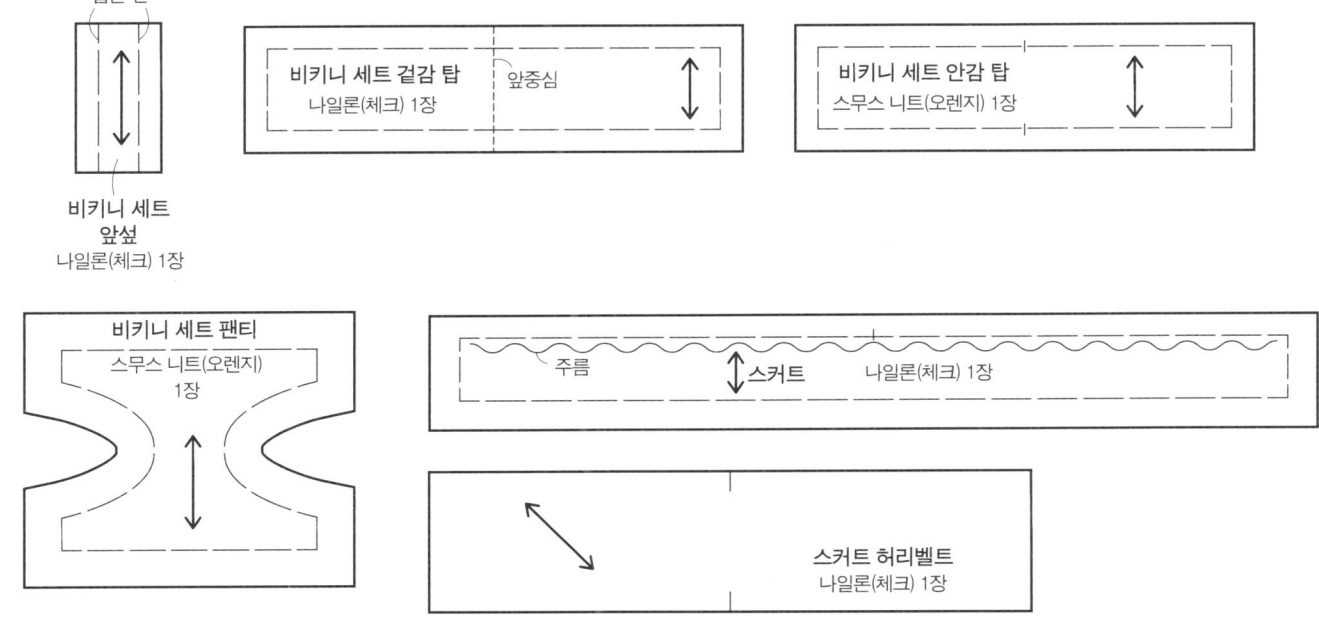

알로하 셔츠 >> P.14

실제 크기 패턴 >> P.61

재료

〈알로하 셔츠〉
면(꽃무늬)…22×12cm

〈서핑 팬츠〉
나일론(오렌지)…15×10cm
폭 0.2cm 세일러 리본…35cm

알로하 셔츠

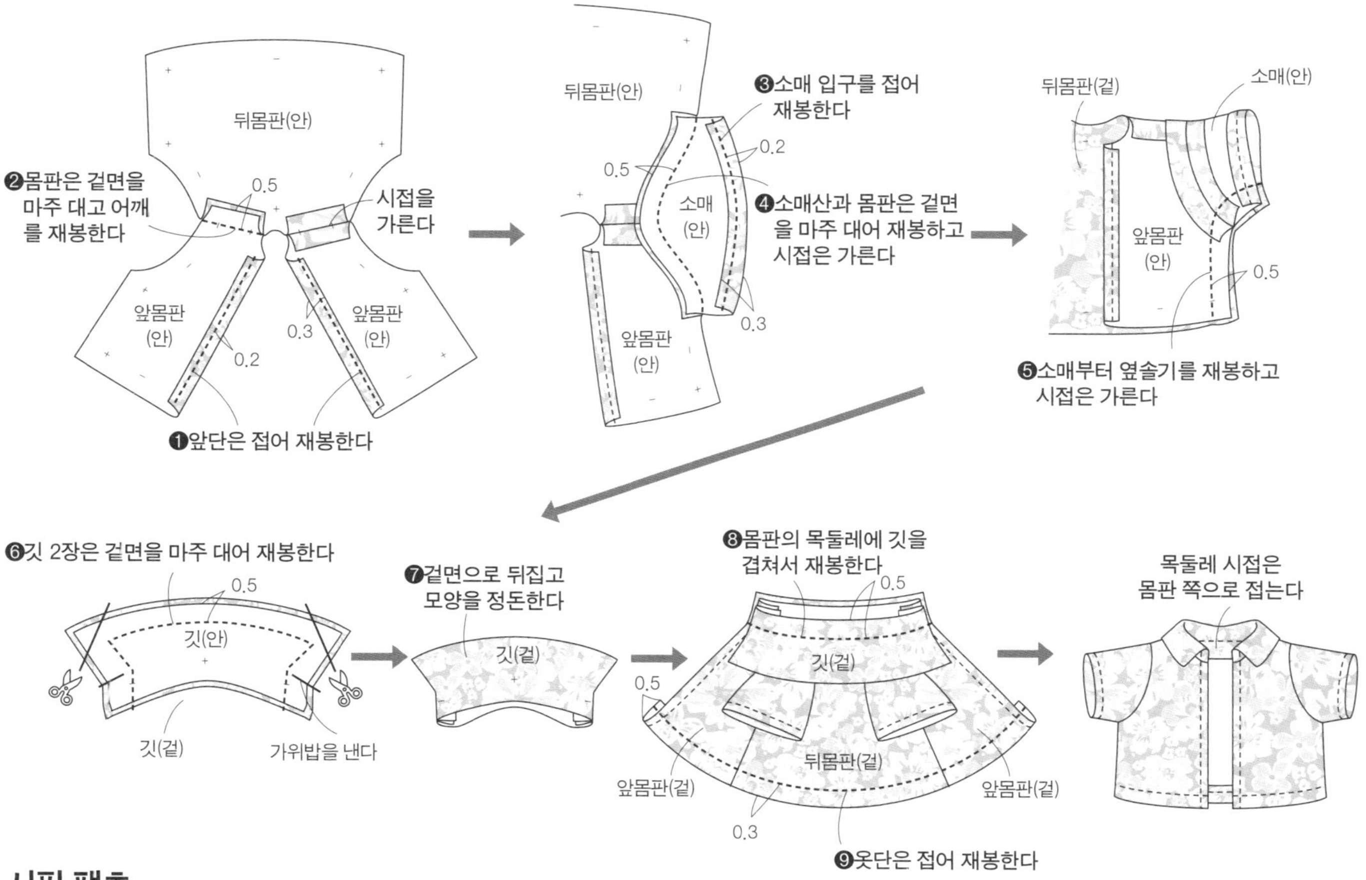

뒤몸판(안)
❷몸판은 겉면을 마주 대고 어깨를 재봉한다
0.5
시접을 가른다
앞몸판(안)
0.3
0.2
❶앞단은 접어 재봉한다
❸소매 입구를 접어 재봉한다
0.2
0.5
소매(안)
❹소매산과 몸판은 겉면을 마주 대어 재봉하고 시접은 가른다
0.3
뒤몸판(겉)
소매(안)
앞몸판(안)
❺소매부터 옆솔기를 재봉하고 시접은 가른다
❻깃 2장은 겉면을 마주 대어 재봉한다
깃(안)
깃(겉)
가위밥을 낸다
❼겉면으로 뒤집고 모양을 정돈한다
❽몸판의 목둘레에 깃을 겹쳐서 재봉한다
뒤몸판(겉)
앞몸판(겉)
❾옷단은 접어 재봉한다
목둘레 시접은 몸판 쪽으로 접는다

서핑 팬츠

❶포켓 입구를 접어 재봉한다
0.2
0.3
포켓(안)
❷시접을 접는다
0.3
❸팬츠에 포켓을 겹쳐 재봉한다
포켓(겉)
왼쪽 앞 팬츠 (겉)
왼쪽 뒤 팬츠 (겉)
0.2
❹세일러 리본을 팬츠 옆솔기에 재봉한다
❻팬츠는 겉면을 마주 대어 뒤쪽만 밑위를 재봉하고 시접을 가른다
앞
뒤
팬츠 (안)
0.5
0.3
0.2
❺바짓단을 접어 재봉한다

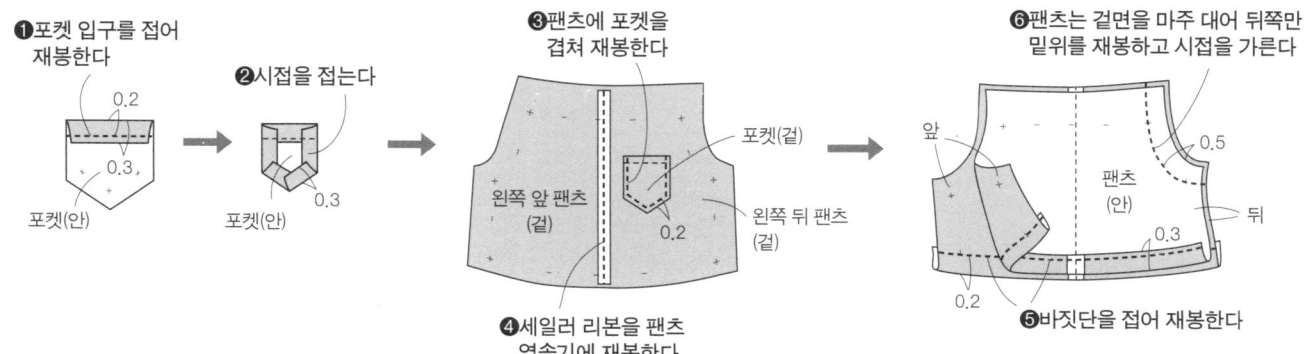

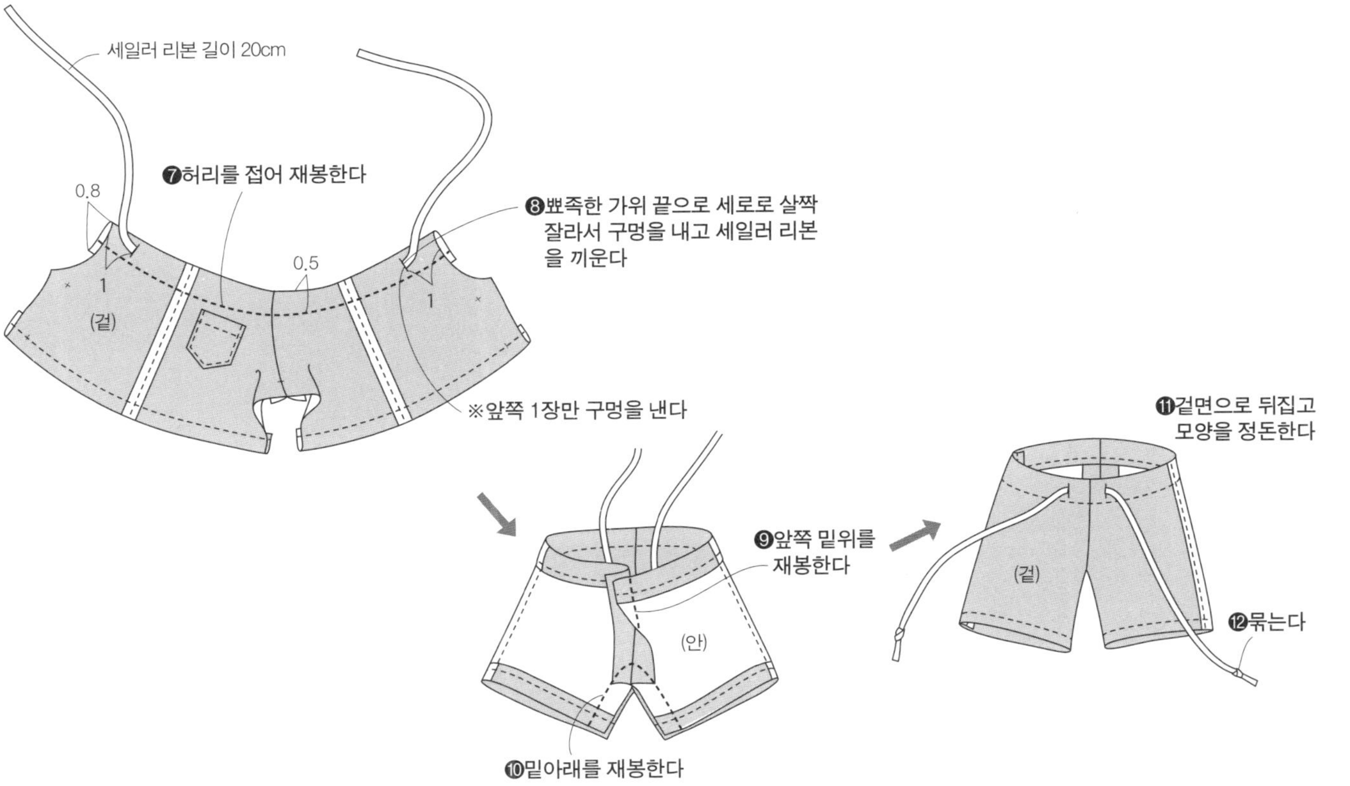

세일러 리본 길이 20cm
0.8
❼허리를 접어 재봉한다
❽뾰족한 가위 끝으로 세로로 살짝
잘라서 구멍을 내고 세일러 리본
을 끼운다
0.5
1
1
(겉)
※앞쪽 1장만 구멍을 낸다
❾앞쪽 밑위를
재봉한다
(안)
❿밑아래를 재봉한다
⓫겉면으로 뒤집고
모양을 정돈한다
(겉)
⓬묶는다

복사해서 잘라 쓰는 실제 크기 패턴

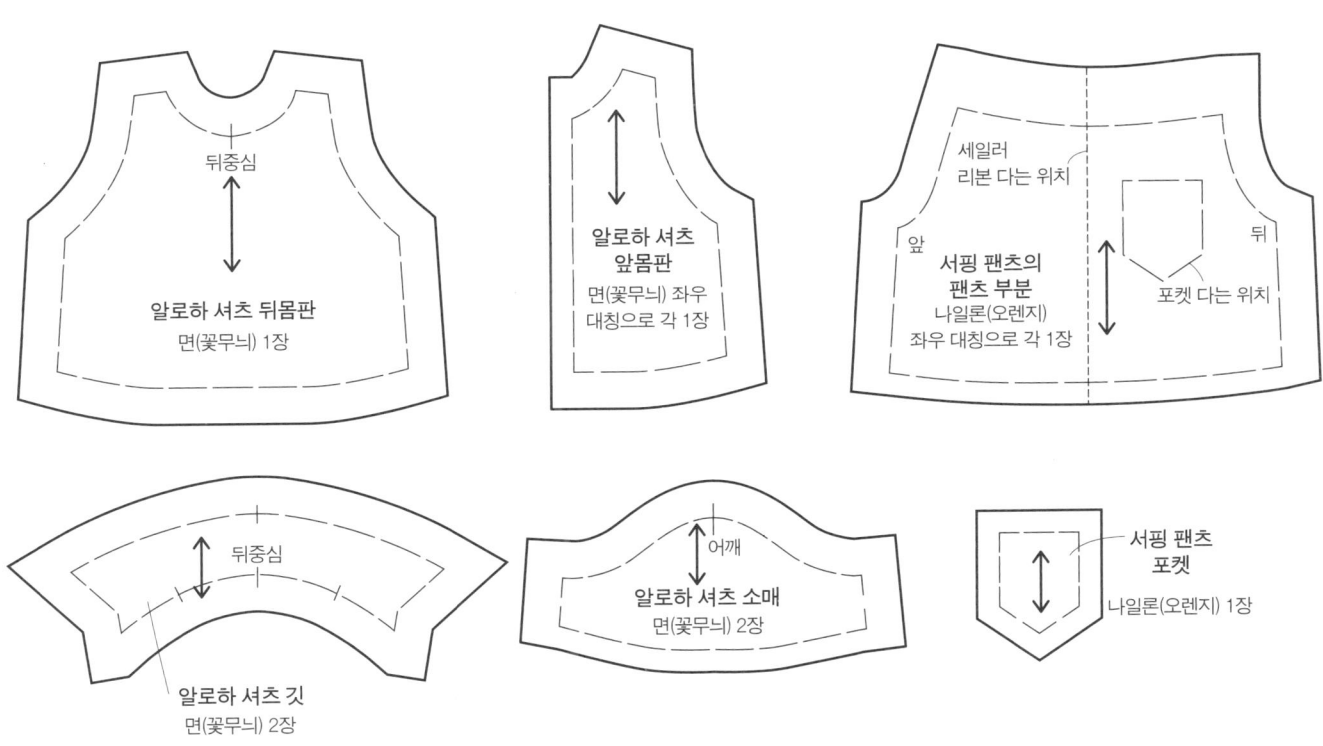

뒤중심
알로하 셔츠 뒤몸판
면(꽃무늬) 1장
알로하 셔츠
앞몸판
면(꽃무늬) 좌우
대칭으로 각 1장
세일러
리본 다는 위치
앞
뒤
서핑 팬츠의
팬츠 부분
나일론(오렌지)
좌우 대칭으로 각 1장
포켓 다는 위치
뒤중심
알로하 셔츠 깃
면(꽃무늬) 2장
어깨
알로하 셔츠 소매
면(꽃무늬) 2장
서핑 팬츠
포켓
나일론(오렌지) 1장

유령 >> P.16

실제 크기 패턴 >> P.63

재료
〈유령 원피스〉
면 니트(흰색)…35×25cm
펠트 스티커(검정)…3×3cm

〈양말〉
면 니트(흰색)…10×5cm

유령 원피스

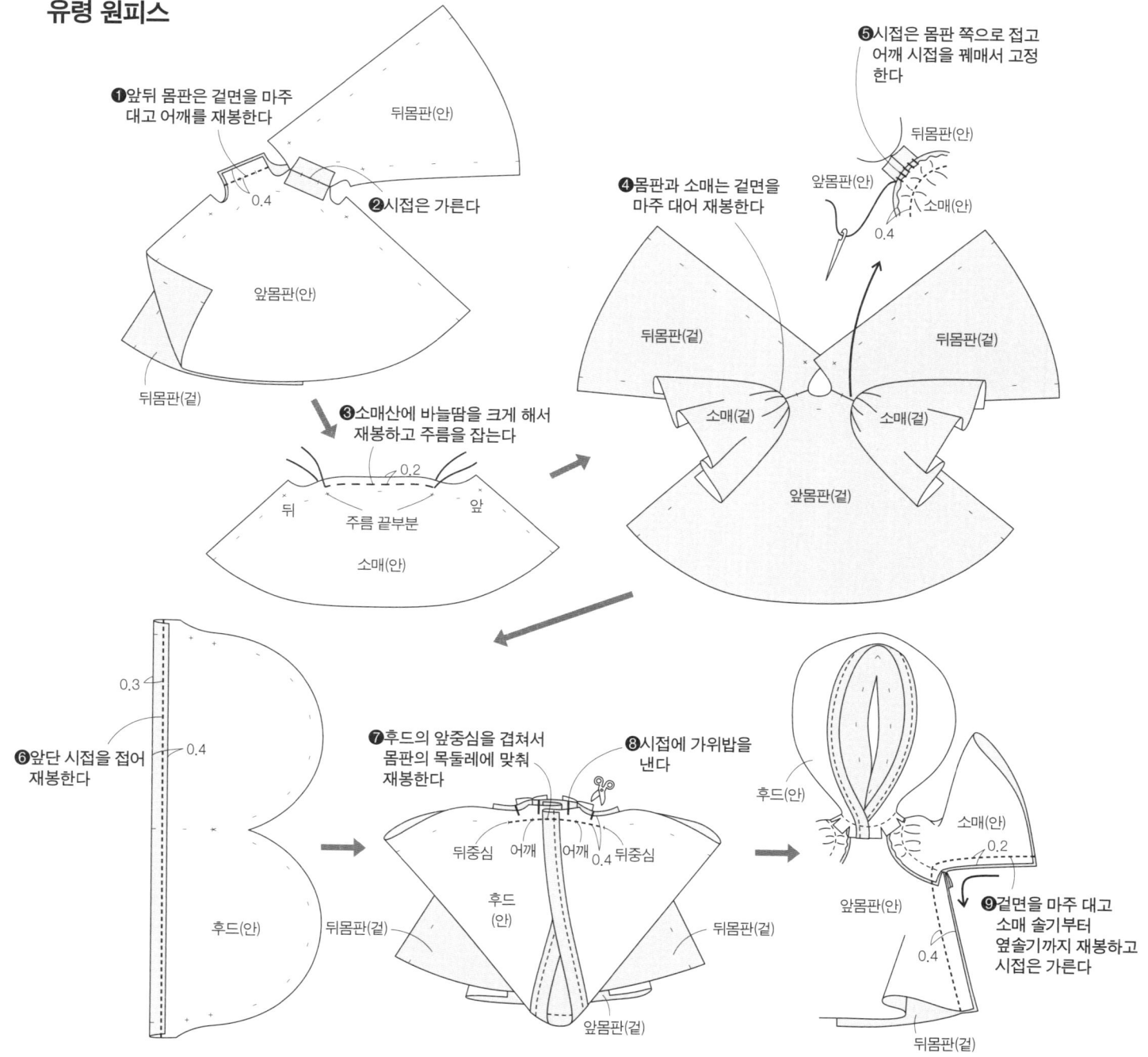

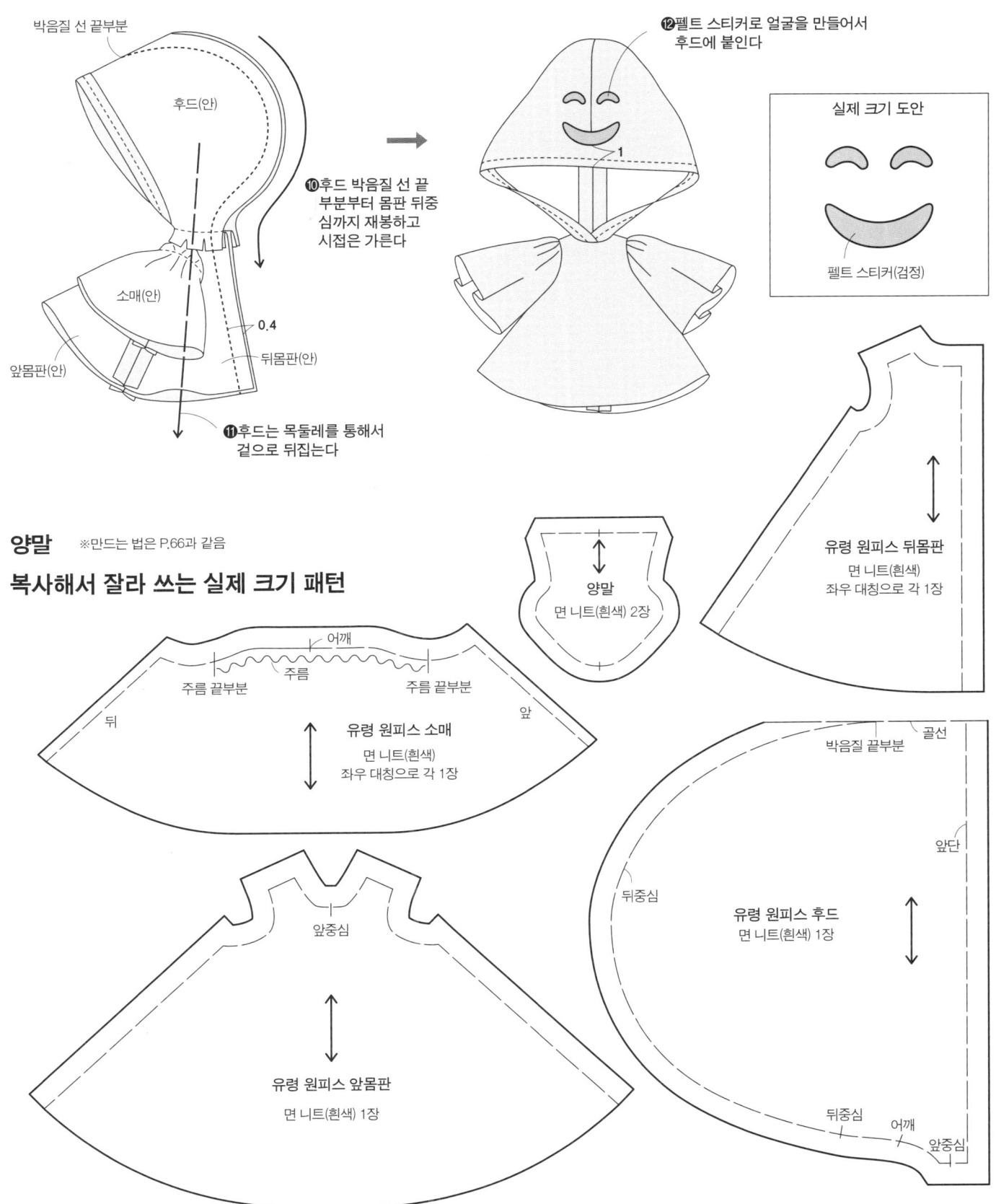

꼬마 마녀 >> P.16

실제 크기 패턴 >> P.67

재료

〈망토〉
브로드(검정)…15×10cm
쉬폰(와인레드)…15×10cm
직경 0.2cm 끈…22cm

〈퍼프 원피스〉
브로드(검정)…30×15cm
접착심(검정)…5×5cm
벨크로 테이프…0.6×5.2cm

〈양말〉
면 니트(와인레드)…10×5cm

〈삼각 모자〉
브로드(검정)…25×20cm

망토

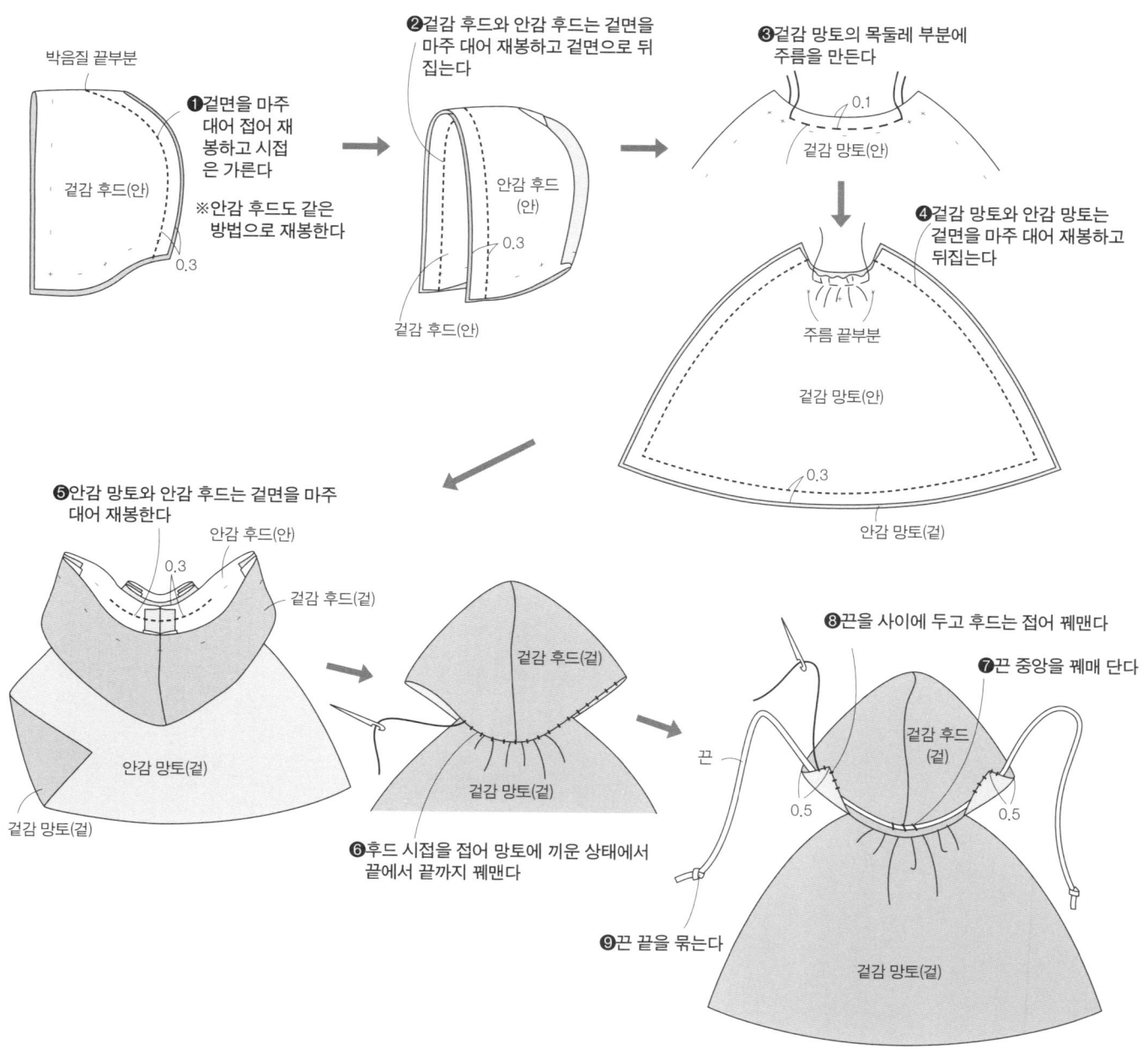

퍼프 원피스

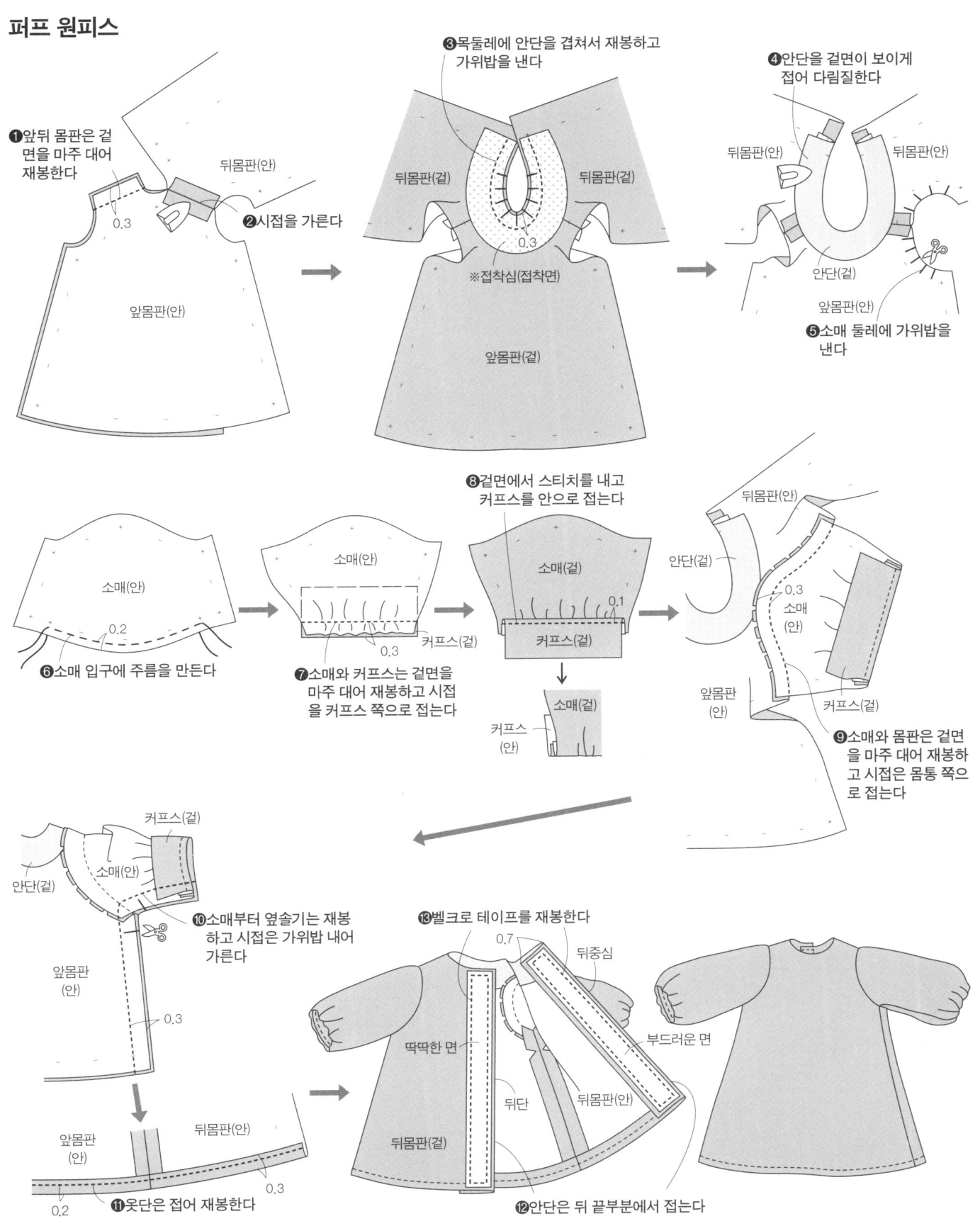

양말

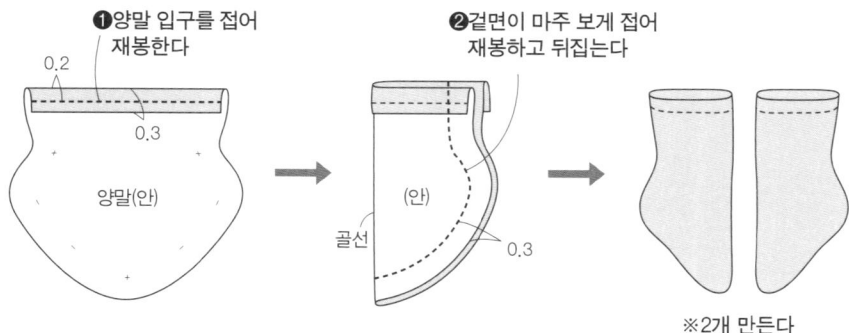

❶양말 입구를 접어
재봉한다
0.2
0.3
양말(안)
❷겉면이 마주 보게 접어
재봉하고 뒤집는다
(안)
골선
0.3
※2개 만든다

삼각 모자

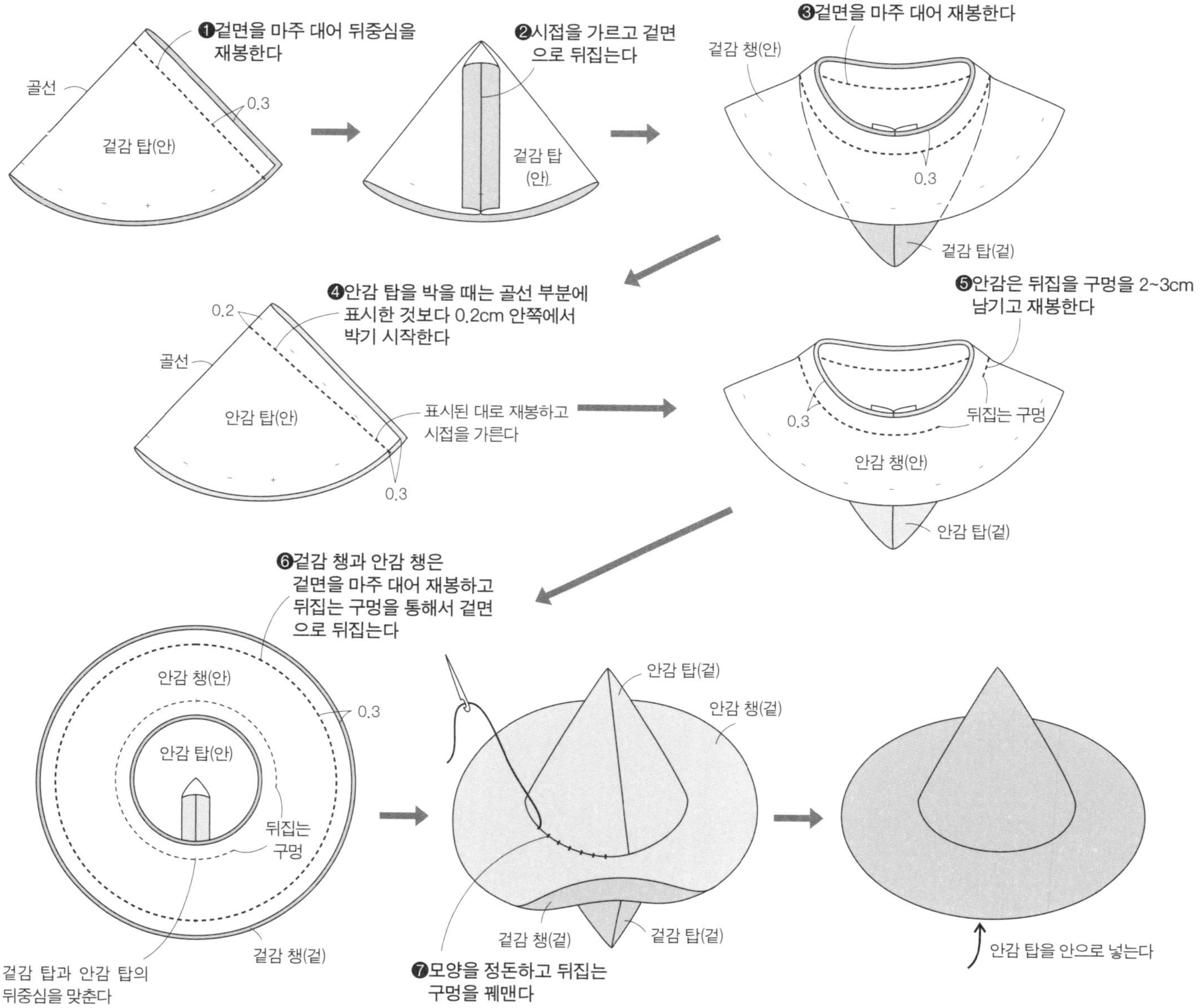

❶겉면을 마주 대어 뒤중심을
재봉한다
골선
0.3
겉감 탑(안)
❷시접을 가르고 겉면
으로 뒤집는다
겉감 탑
(안)
❸겉면을 마주 대어 재봉한다
겉감 챙(안)
0.3
겉감 탑(겉)
❹안감 탑을 박을 때는 골선 부분에
표시한 것보다 0.2cm 안쪽에서
박기 시작한다
0.2
골선
안감 탑(안)
표시된 대로 재봉하고
시접을 가른다
0.3
❺안감은 뒤집을 구멍을 2~3cm
남기고 재봉한다
0.3
뒤집는 구멍
안감 챙(안)
안감 탑(겉)
❻겉감 챙과 안감 챙은
겉면을 마주 대어 재봉하고
뒤집는 구멍을 통해서 겉면
으로 뒤집는다
안감 챙(안)
0.3
안감 탑(안)
뒤집는
구멍
겉감 챙(겉)
겉감 탑과 안감 탑의
뒤중심을 맞춘다
안감 탑(겉)
안감 챙(겉)
겉감 챙(겉)
겉감 탑(겉)
❼모양을 정돈하고 뒤집는
구멍을 꿰맨다
안감 탑을 안으로 넣는다

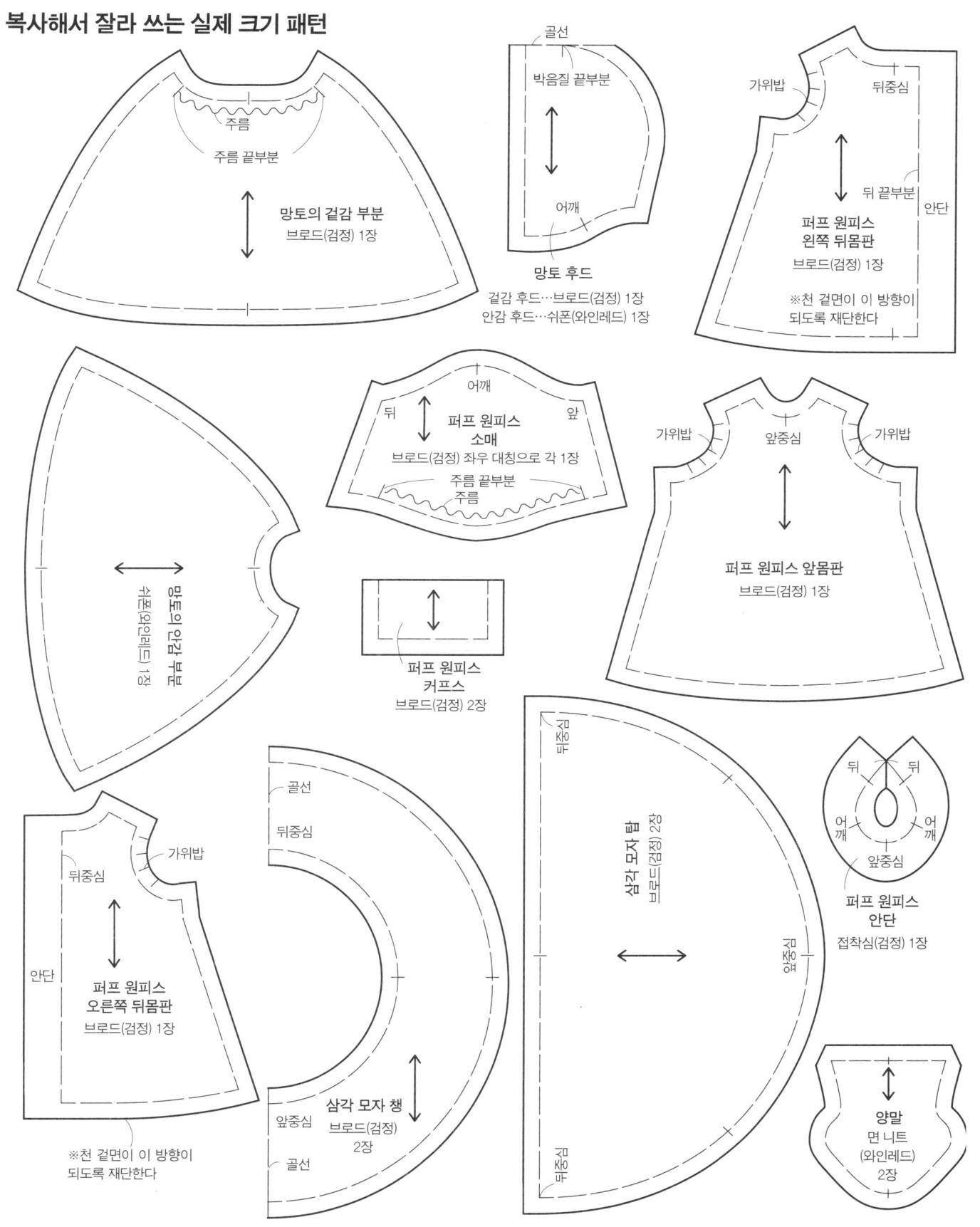

잭오랜턴 >> P.18

실제 크기 패턴 >> P.67, 70

재료
〈호박 원피스〉
면 브로드(오렌지)…25×20cm
면 쉬폰(흰색)…10×8cm
직경 0.5cm 스냅 버튼…1쌍
펠트(검정, 초록, 연두)…적당량

꽃테이프 철사(연두)…5cm
〈롱 티셔츠〉
니트 보더…8×15cm
접착심(검정)…5×5cm

〈타이즈〉
니트 보더…10×10cm
〈삼각 모자〉
브로드(검정)…25×20cm

호박 원피스

❶ 몸판 파츠를 각각 재봉하고 시접은 옆솔기 쪽으로 접는다

※소매 둘레 쪽은 모두 표시부분까지 꿰맨다

앞 옆솔기 몸판(안)
뒤 옆솔기 몸판(안)
뒤 중간솔기 몸판(안)
뒤
앞
앞뒤 몸판(안)
앞 옆솔기 몸판(안)
앞 중간솔기 몸판(안)

❷ 몸판과 안단은 겉면을 마주 대어 재봉한다

❸ 안단 시접을 몸판 크기에 맞춰 잘라 낸다

❹ 곡선 부분에 가위밥을 내고 안단을 겉면으로 뒤집는다

※몸판은 어깨를 통해서 겉으로 뒤집는다

❺ 안단과 몸판의 옆솔기는 각각 겉면을 마주 대어 재봉하고 시접은 뒤쪽으로 접는다

❻ 몸판을 겉면으로 뒤집고 모양을 정돈한다

❼ 옷단의 안단을 재봉하고 시접은 가른다

❽ 몸판과 옷단의 안단은 겉면을 마주 대어 재봉한다

❾ 옷단의 안단을 겉면으로 뒤집고 몸판의 양 옆솔기의 시접에 꿰매서 고정한다

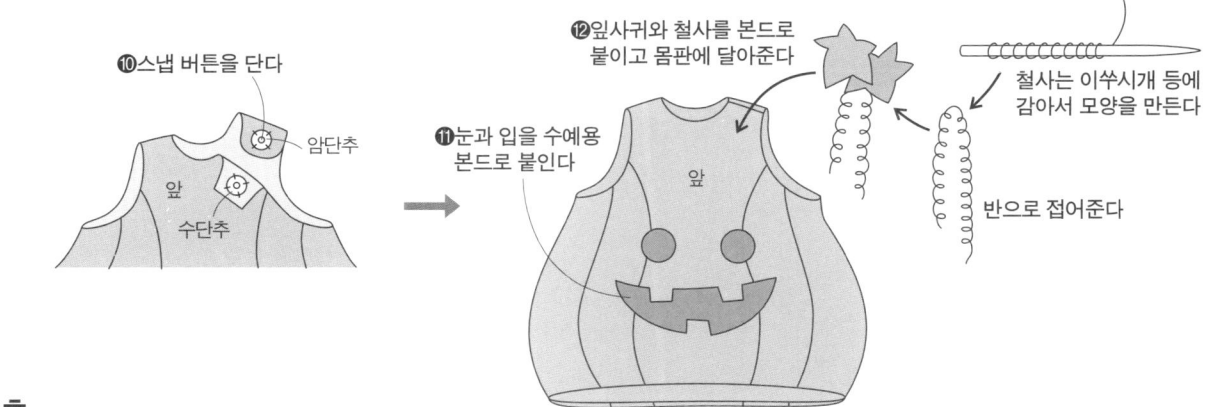

롱 티셔츠

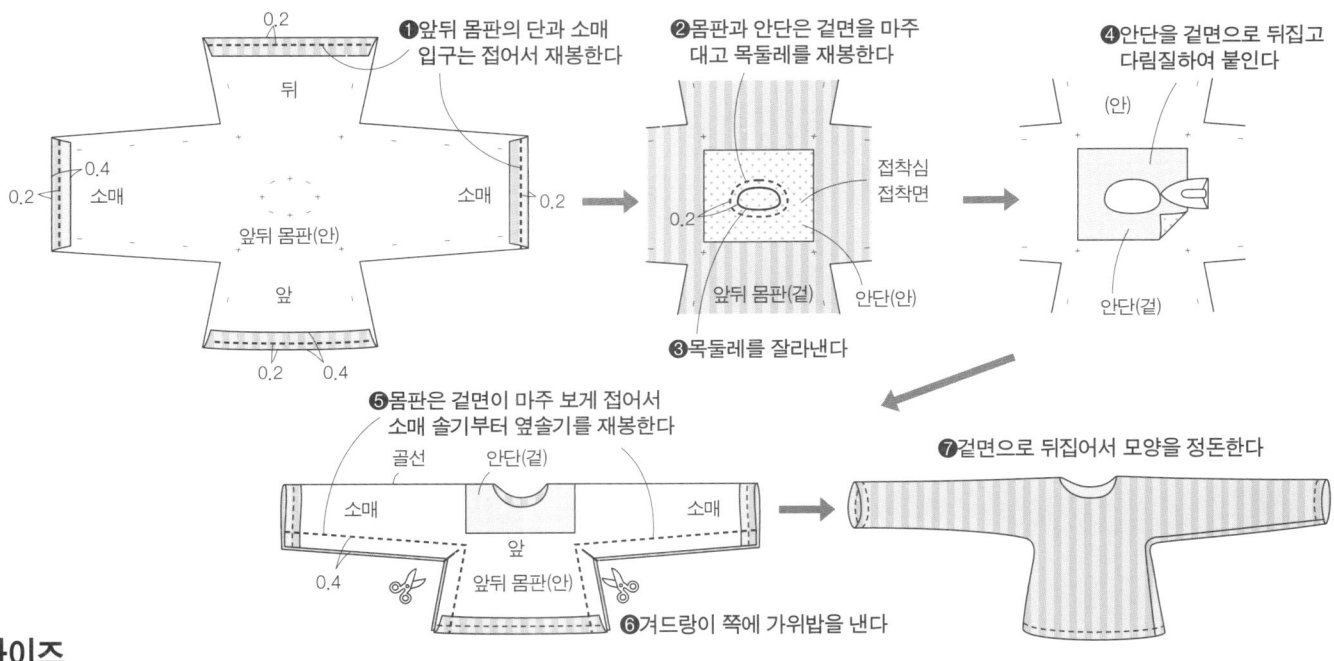

타이즈

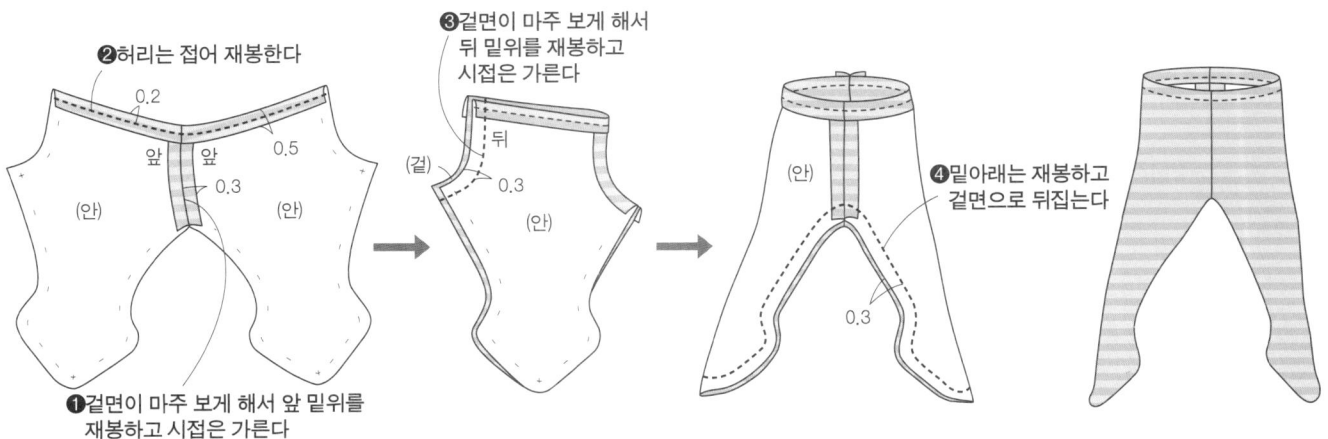

삼각 모자
※패턴과 만드는 법은 P.66, 67 삼각 모자와 같음

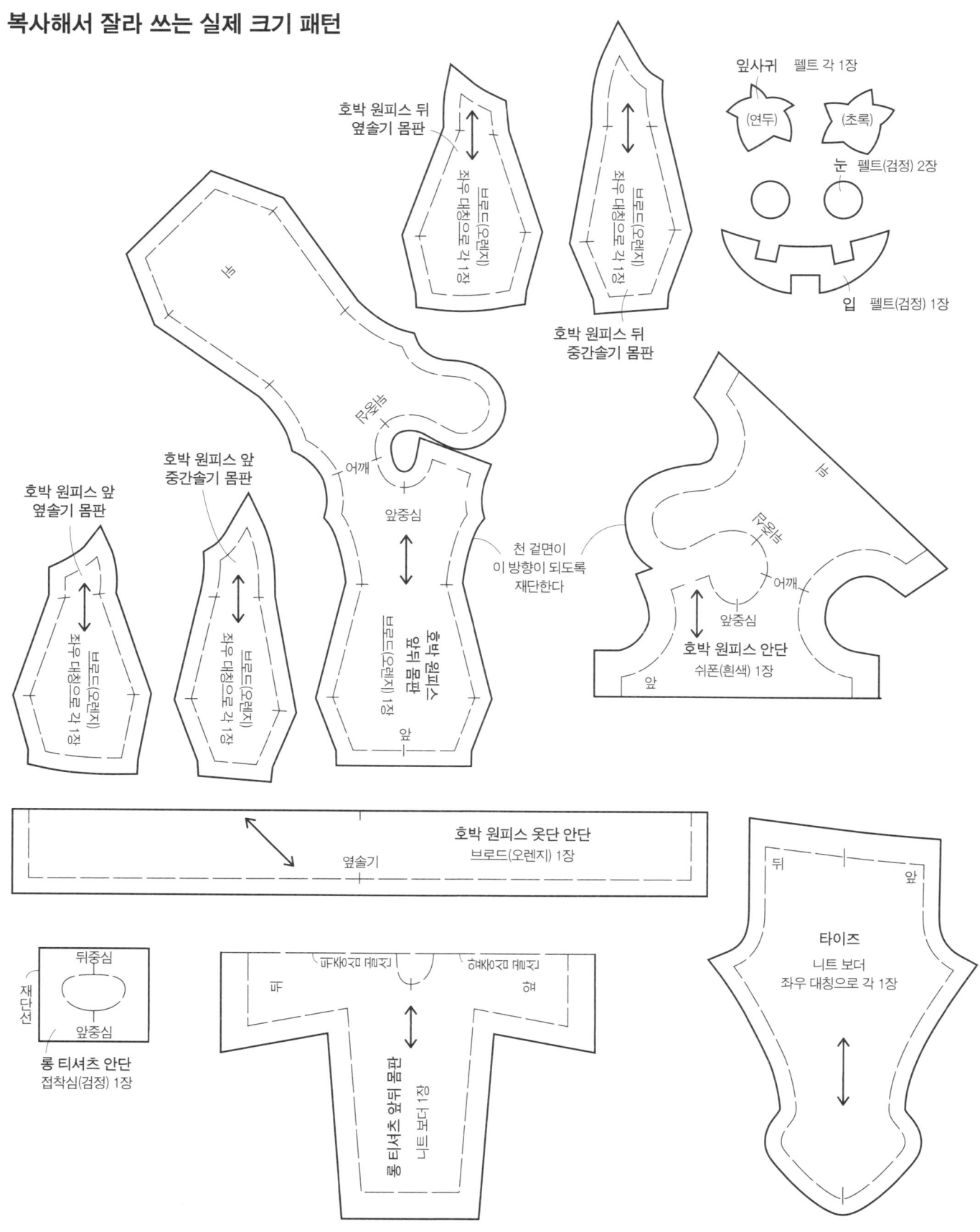

복사해서 잘라 쓰는 실제 크기 패턴

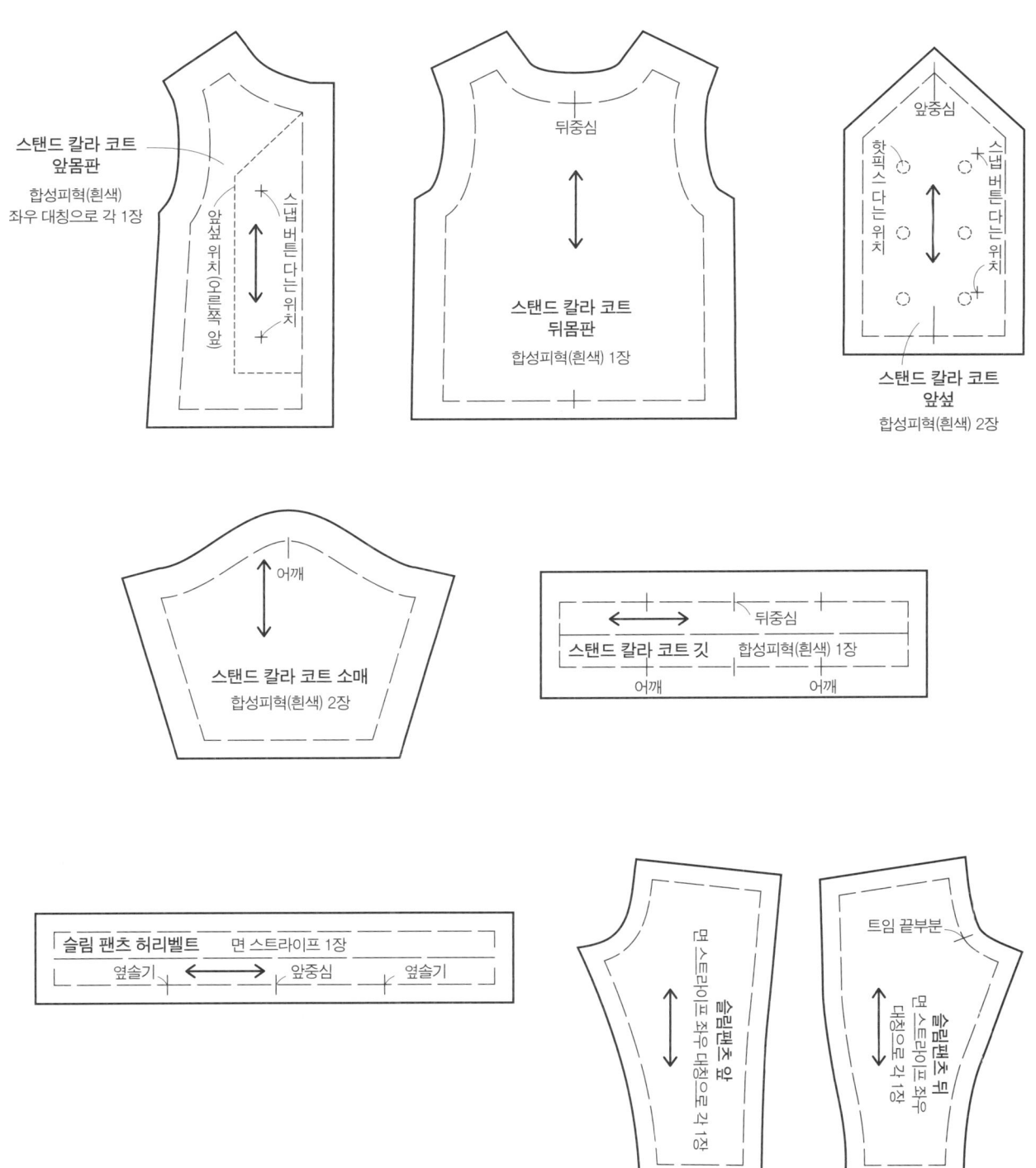

스탠드 칼라 코트 · 슬림팬츠 >> P.20

실제 크기 패턴 >> P.71

재료

〈스탠드 칼라 코트〉
합성피혁(흰색)…25×20cm
벨크로 테이프…0.8×4.2cm
직경 0.3cm 스냅 버튼…2쌍

직경 0.2cm 핫픽스(실버)…6개
〈슬림 팬츠〉
면 스트라이프…20×15cm
벨크로 테이프…0.4×1cm

스탠드 칼라 코트

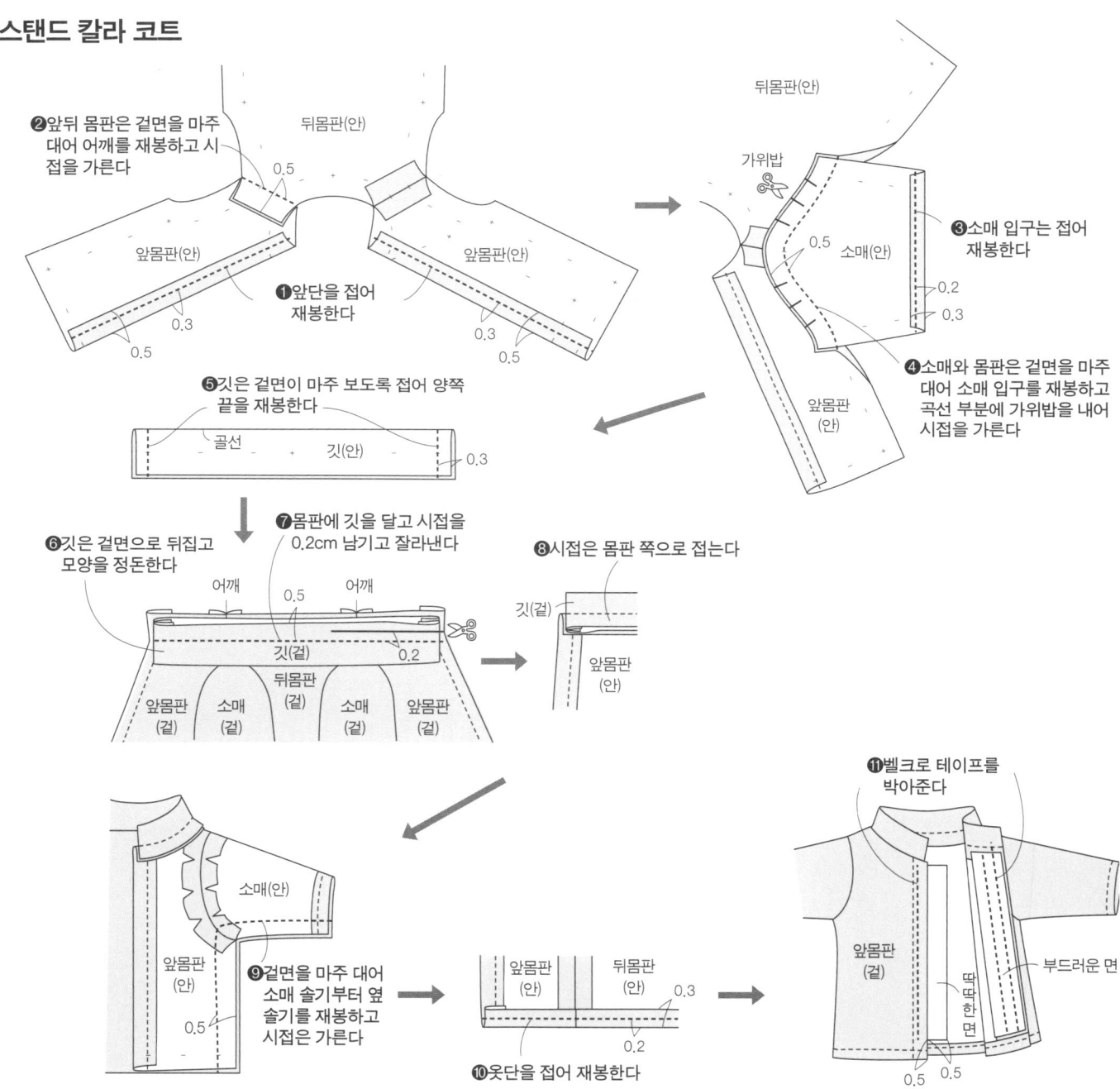

⑫앞섶은 겉면을 마주 대어 뒤집을
구멍을 남기고 재봉한다
⑬모서리 시접은
잘라낸다
뒤집는 구멍
1.5
앞섶(안)
(겉)
0.3
⑭겉면으로 뒤집고
재봉한다
(겉)
0.1
⑮오른쪽 몸판에 재봉해서
단다
0.1
⑯핫픽스를 단다
⑰스냅 버튼을 단다
암단추
수단추

슬림팬츠

❶겉면을 마주 대어 밑위를
재봉하고 시접의 곡선에
가위밥을 낸다
0.3
앞바지
(안)
앞바지
(겉)
가위밥
트임 끝부분
0.3
뒤바지
(안)
뒤바지
(겉)
❸겉면을 마주 대어 옆솔기를 재봉하고
시접을 가른다
뒤바지(겉)
0.3
앞바지
(안)
❷앞바지 시접은 가르고 뒤바지 시접은
오른쪽 바지 쪽으로 접는다
앞바지
(안)
뒤바지
(안)
0.2
0.3
❹바짓단을 접어 재봉한다
뒤바지(겉)
앞바지
(안)
가위밥
0.3
❺겉면을 마주 대어 좌우
밑아래를 재봉한다
허리벨트(겉)
0.3
뒤바지
(안)
❻바지와 허리벨트는 겉면을
마주 대어 재봉한다
❼허리를 접어 겉면에서
스티치를 낸다
0.1
잘라낸다
뒤바지
(안)
❽벨크로 테이프를
본드로 붙인다
0.8
0.4
딱딱한 면
뒤(겉)
부드러운 면
오른쪽 뒤는 시접을
접어 붙인다

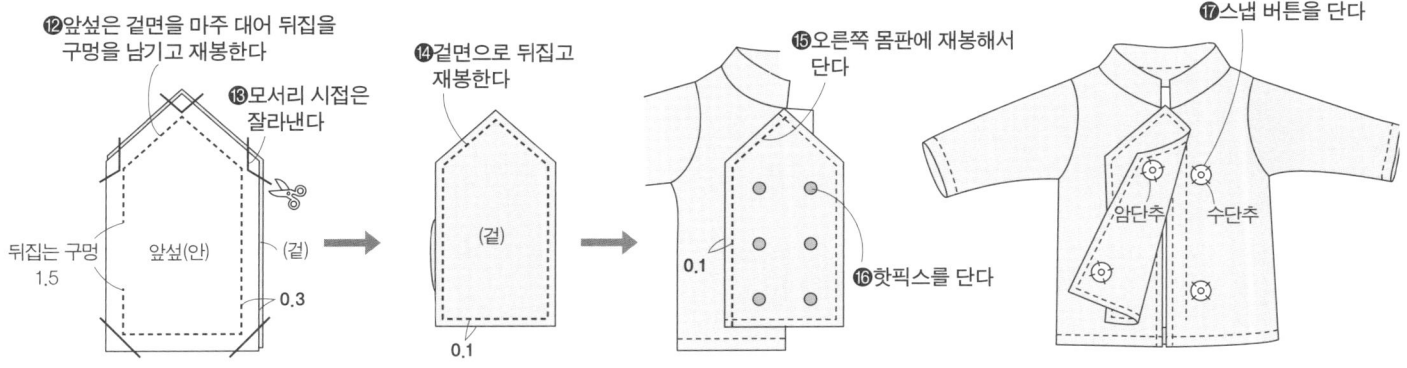

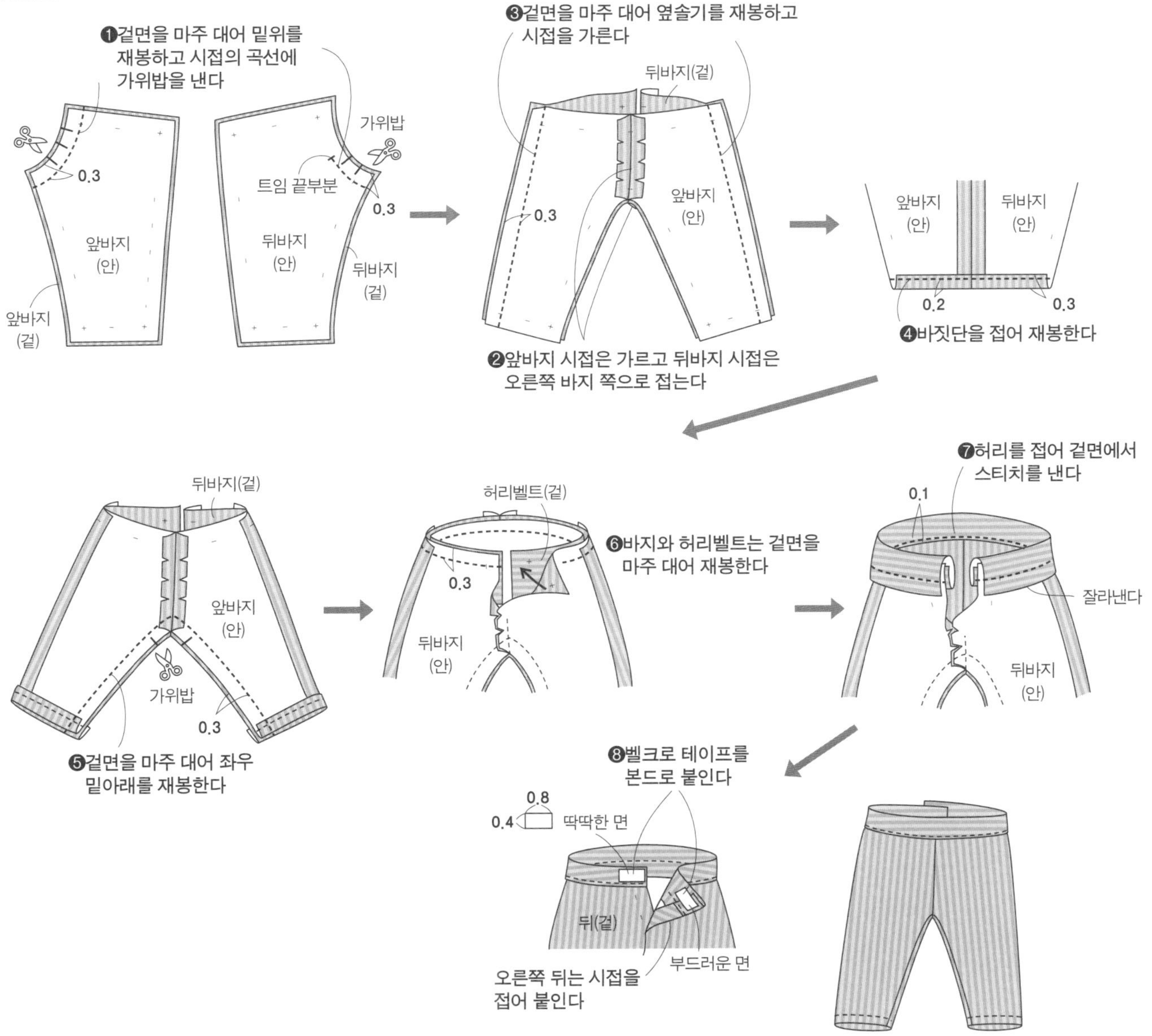

원피스 세트 >> P.22

실제 크기 패턴 >> P.76

재료

〈리본 카추샤〉
프로마주(빨강)…20×15cm
울(체크)…5×10cm
페이크 퍼(흰색)…5×10cm
폭 0.2cm 고무 테이프…10cm
직경 0.2cm 핫픽스(골드)…1개

핫픽스(별모양)…2개
〈케이프〉
프로마주(빨강)…15×8cm
파워 네트(검정)…15×8cm
페이크 퍼(흰색)…10×3cm
폭 0.2cm 세일러 리본(흰색)…20cm

스프링훅…1쌍
〈캐미 원피스〉
울(체크)…20×10cm
파워 네트(검정)…10×5cm
프로마주(빨강)…20×5cm
폭 0.3cm 리본(빨강)…30cm

스프링훅…1쌍
〈보더 무늬 양말〉
보더 니트(빨강×흰색)…10×10cm

리본 카추샤

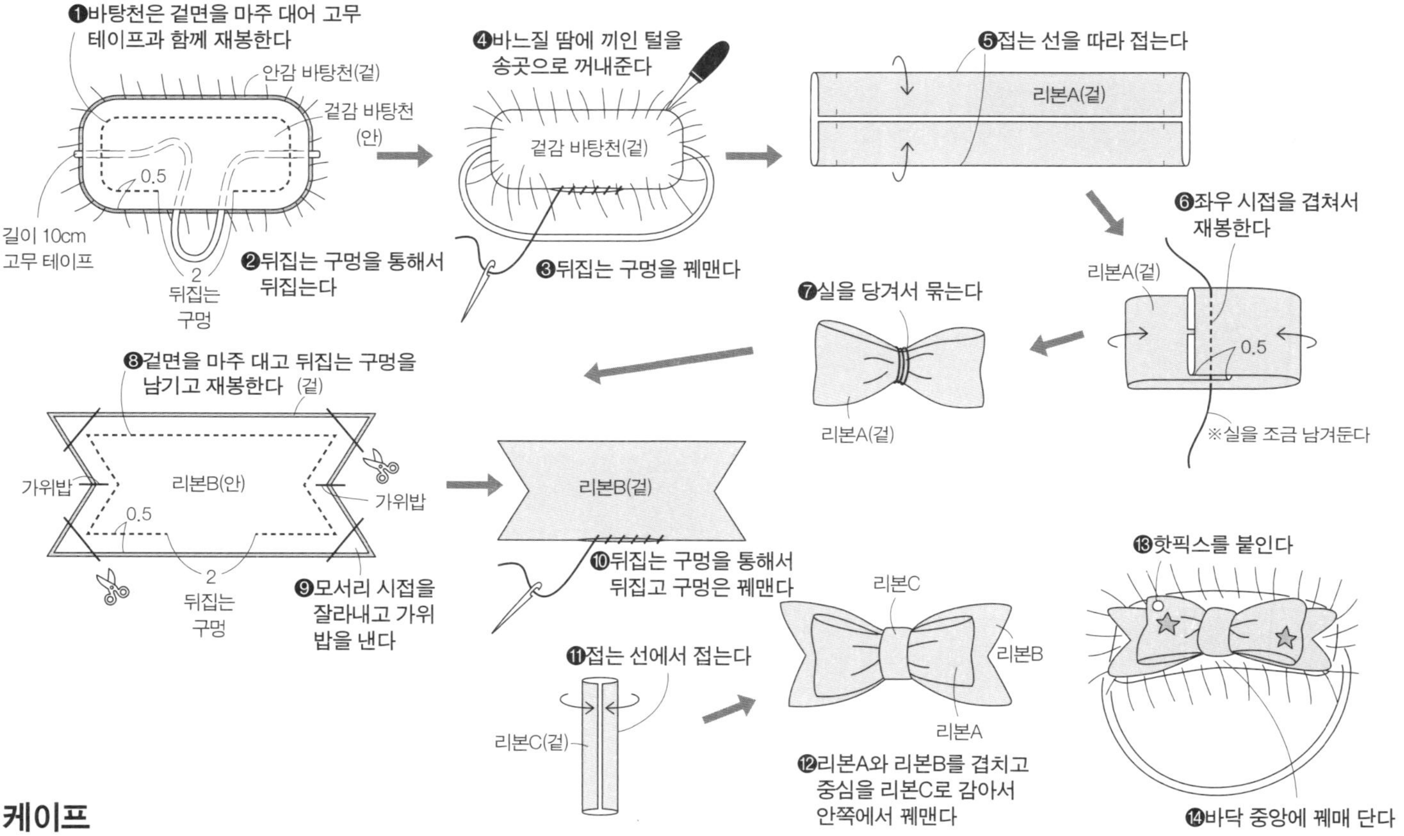

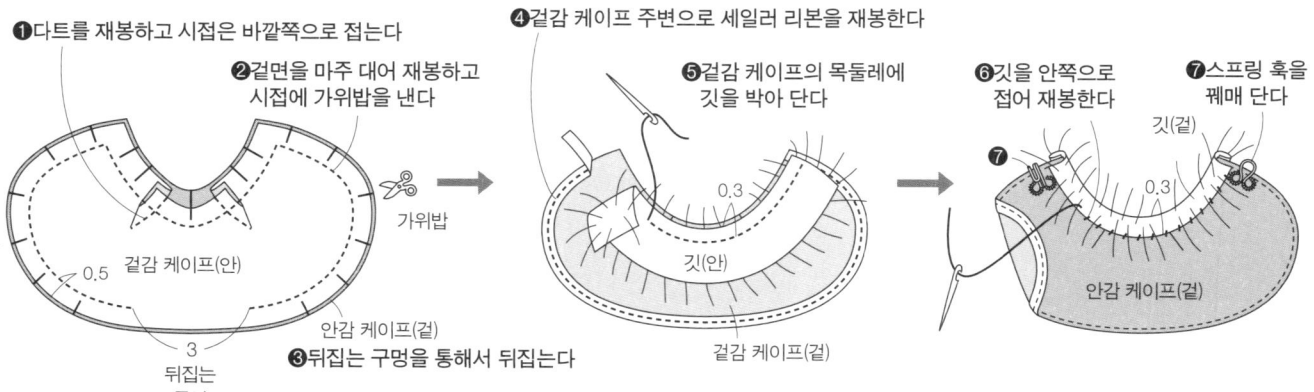

케이프

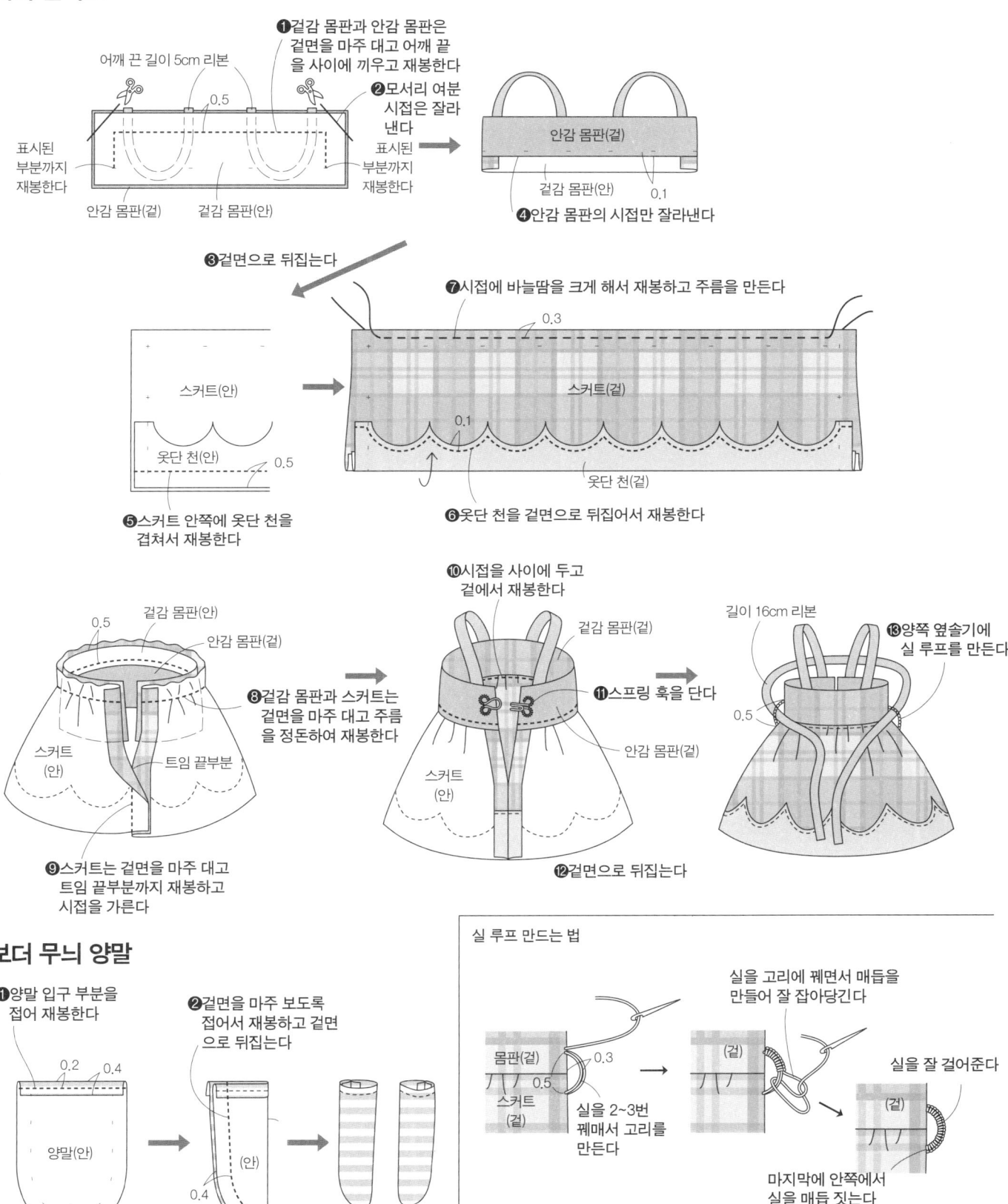

복사해서 잘라 쓰는 실제 크기 패턴

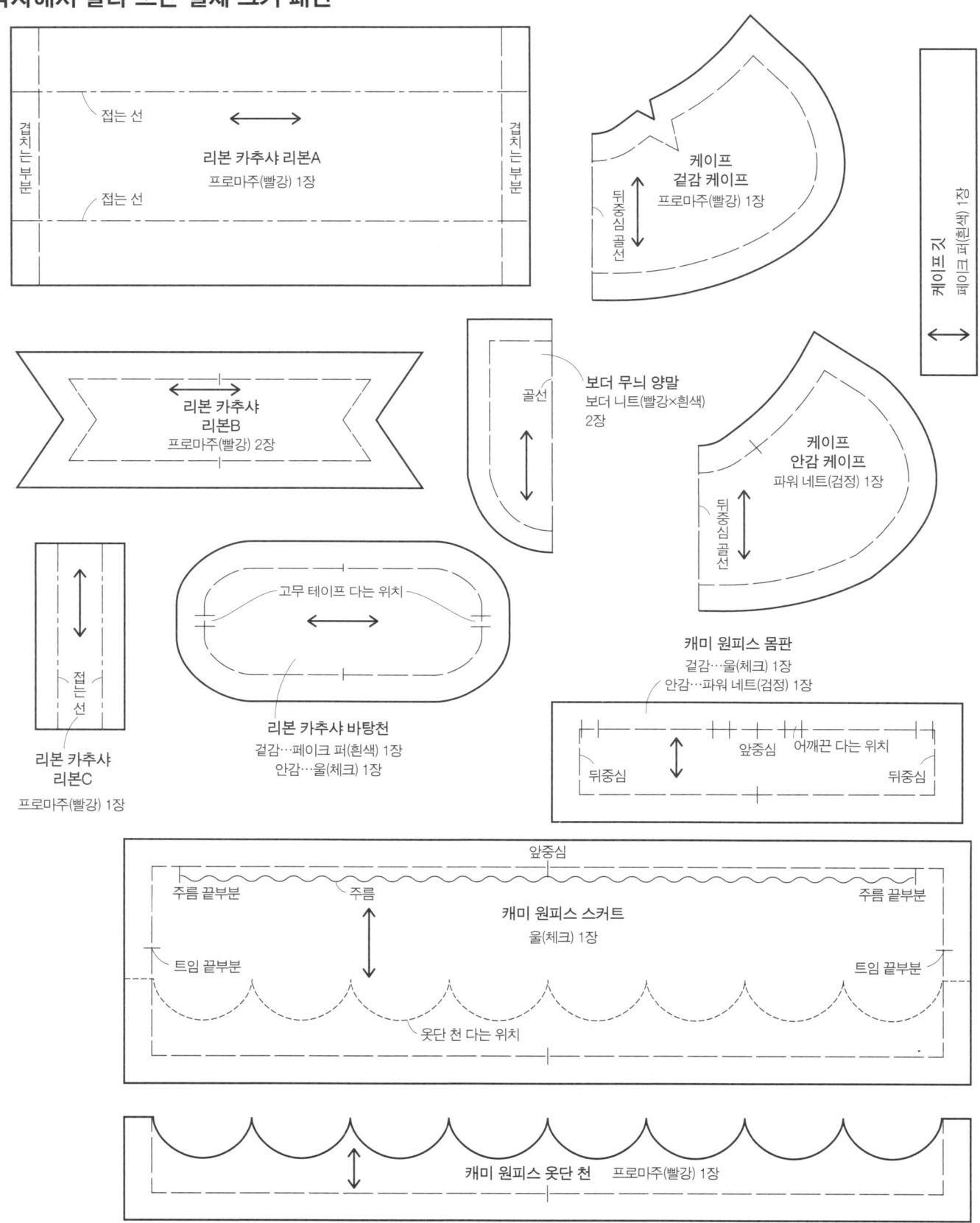

살로페트 세트 >> P.22

실제 크기 패턴 >> P.79

재료

〈산타 모자〉
스무스 니트(빨강)…20×20cm
페이크 퍼(흰색)…25×5cm
폭 0.3cm 고무 테이프…10cm

〈롱 티셔츠〉
스무스 니트(빨강)…15×15cm
〈살로페트〉
울(체크)…15×20cm

폭 0.5cm 리본(빨강)…길이 20cm
직경 0.3cm 핫픽스(실버)…2개
〈보더 무늬 양말〉
보더 니트(빨강×흰색)…10×10cm

산타 모자

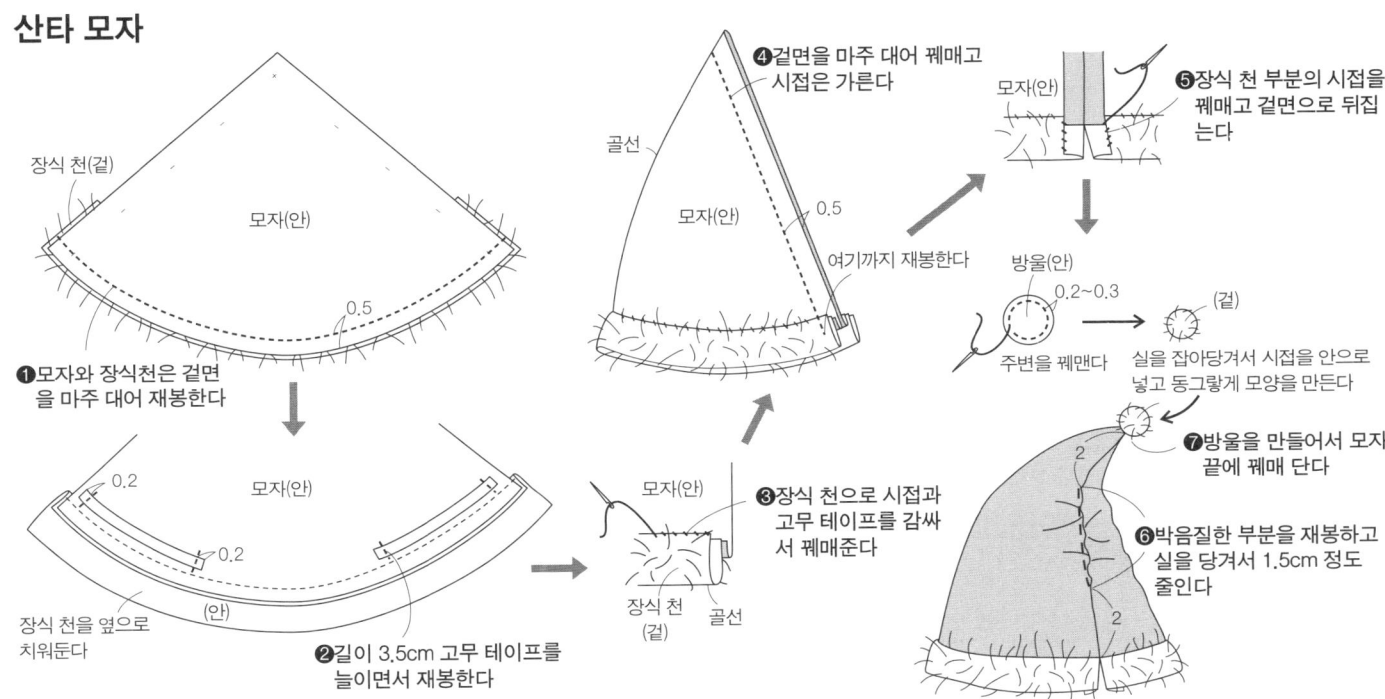

롱 티셔츠

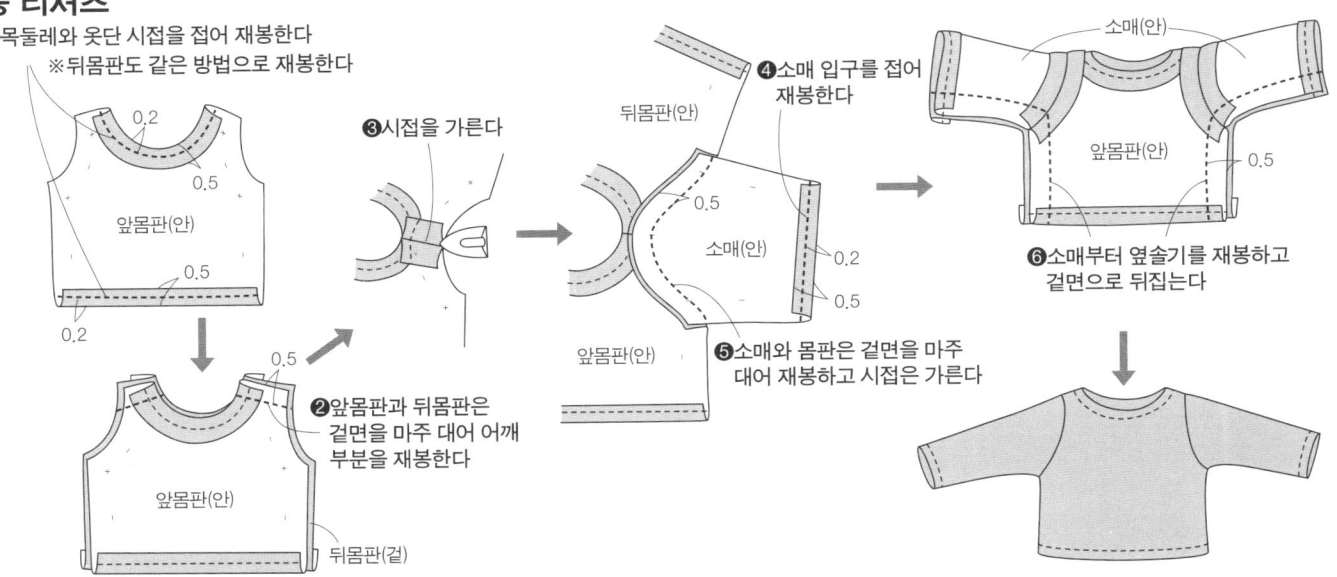

살로페트

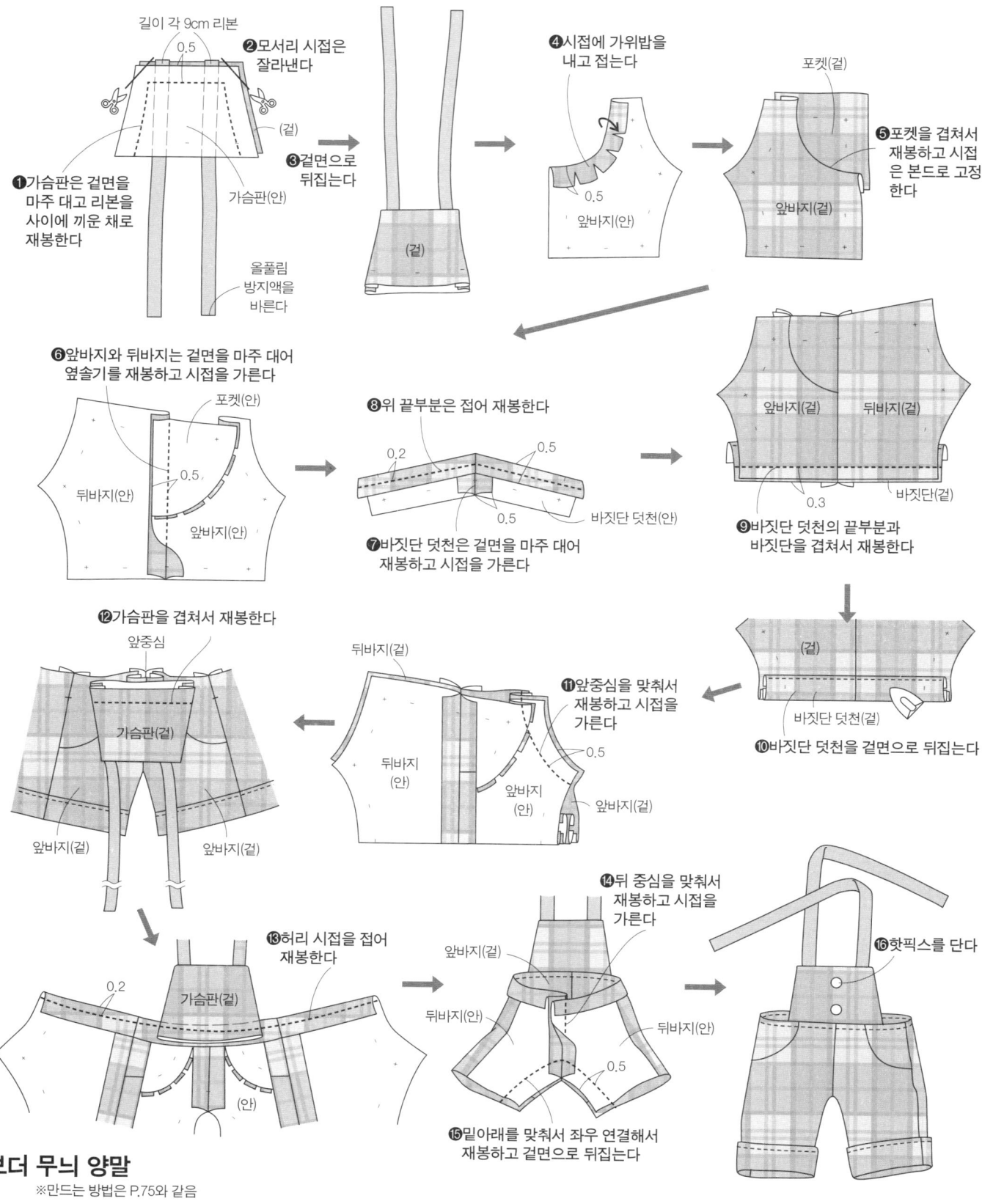

보더 무늬 양말
※만드는 방법은 P.75와 같음

복사해서 잘라 쓰는 실제 크기 패턴

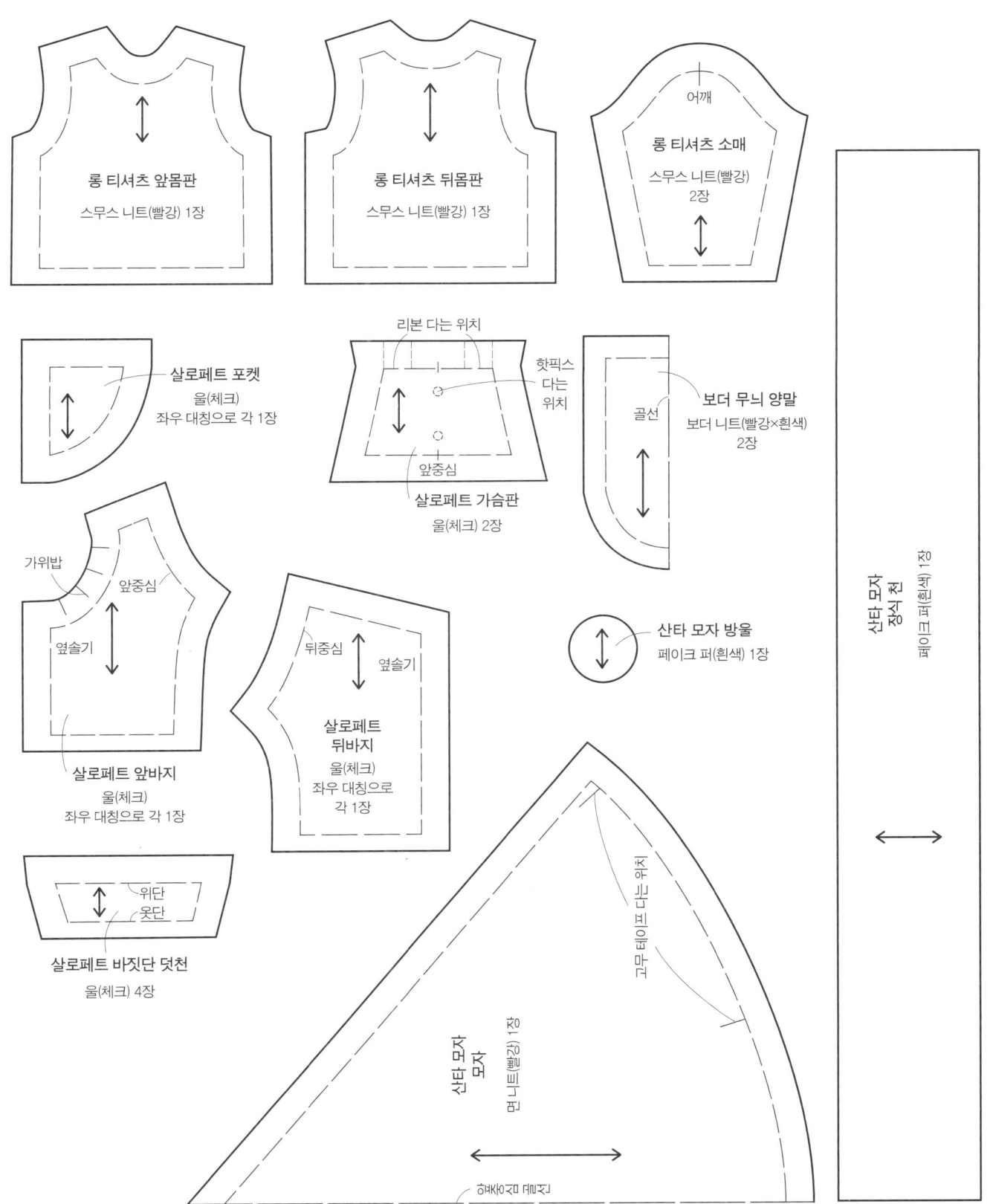

감수
굿스마일 컴퍼니
피규어·완구·액세서리를 중심으로 기획과 제작, 제조를 주로 하고 있다. 기획, 제작, 제조뿐만 아니라 광고나 영업 같은 관련 업무에도 전문가를 배치하여, 전력을 기울이며 상품을 출고한다. 최근에는 재패니즈 하비의 해외 진출과 해외 아티스트와 협업을 기획하며, 카페 운영도 하고 있다.
https://www.goodsmile.info/

번역
안나진
오사카 예술대학 졸업. 영화, 드라마, 다큐멘터리, 웹툰, 게임 등 다양한 장르에서 한국 콘텐츠를 일본어로 번역하고 있다.
한국어로 번역한 일본 도서로는 『처음 시작하는 인형 옷 패턴 교과서』『HANON』『Dollybird 돌리버드_Tiny Dolls』『Dollybird 돌리버드_All about momoko Doll』등이 있다.

Design & make
- **Atelier Angelica** 스미토모 아키
  http://atelierangelica.com/
- **GINGER TEA** 체리
  https://gingerteadoll.net/
- **Raindrop** 미나밍
  https://raindrop-eden.ssl-lolipop.jp/

협력
· 클로버 주식회사(도구)
오사카시 히가시나리구 나카미치 3-15-5
TEL : 06-6978-2277(고객센터)
https://clover.co.jp/
· 굿스마일 컴퍼니 기획부/광고선전부/영업부

촬영 협력
· 오비츠 제작소(P.20 부츠)
https://www.obitsu.co.jp/
· PinkFloat(P.16 유령 슬립 온)
https://pinkfloat.ocnk.net/
· Ag-Moon(P.10 슬립 온 스니커, P.10 플라워 샌들, P16 스트랩 슈즈)
https://agm.byakuroku.info/
· AWABEES
TEL : 03-5786-1600

넨도로이드 돌
귀여운 인형옷 만들기

초판 1쇄 인쇄 2021년 10월 10일
초판 1쇄 발행 2021년 10월 15일

감수 : 굿스마일 컴퍼니
저자 : 일본 보그사
번역 : 안나진

펴낸이 : 이동섭
편집 : 이민규, 탁승규
디자인 : 조세연, 김현승, 김형주, 김민지
영업·마케팅 : 송정환, 조정훈
e-BOOK : 홍인표, 최정수, 서찬웅, 심민섭, 김은혜
관리 : 이윤미

㈜에이케이커뮤니케이션즈
등록 1996년 7월 9일(제302-1996-00026호)
주소 : 04002 서울 마포구 동교로 17안길 28, 2층
TEL : 02-702-7963~5 FAX : 02-702-7988
http://www.amusementkorea.co.kr

ISBN 979-11-274-4690-1 13630

NENDOROIDO-DOLL KAWAII OYOFUKU BOOK (NV70574)
Copyright © NIHON VOGUE-SHA 2020
korean translation rights in complex characters arranged with NIHON VOGUE Corp. through Digital Catapult Inc. Tokyo
Photographer: Noriaki Moriya

이 책에 게재된 작품을 복제 및 판매(매장, 인터넷 경매 등)하는 것은 금지되어 있습니다. 오직 공예품을 즐기기 위한 것임을 유의하시기 바랍니다.

이 책의 한국어판 저작권은 일본 NIHON VOGUE-SHA와의 독점 계약으로
㈜에이케이커뮤니케이션즈에 있습니다.
저작권법에 의해 한국에서 보호를 받는 저작물이므로 무단전재와 무단복제를 금합니다.

*잘못된 책은 구입한 곳에서 무료로 바꿔드립니다.